《倫敦新聞畫報》記錄的晚清

1861-1873

遺失在西方的

中國史

沈弘——編譯

《倫敦新聞畫報》：世界上第一份以圖像為主的畫報！

有別於傳統史觀的客觀對照，第一手資料的歷史新視角！

THE ILLUSTRATED LONDON NEWS.

目錄

圖像的力量
譯序

i

目錄 CONTENTS

目錄 CONTENTS

《倫敦新聞畫報》創始人赫伯特·英格拉姆

英國著名畫家約翰·吉爾伯特爵士，他用自己的生花妙筆撐起了《倫敦新聞畫報》在創辦初期的半邊天。在創刊期所包含的 20 幅插圖中就有 8 幅是出自吉爾伯特之手

MR. MASON JACKSON.

英國著名畫家梅森·傑克森，擔任《倫敦新聞畫報》藝術編輯長達 25 年之久。憑藉他發明的先進的雕版技術，《倫敦新聞畫報》得以在 19 世紀後半期各種新聞畫報層出不窮的激烈競爭中始終穩居第一，保持其在業界的龍頭老大地位

MR. W. SIMPSON, R.I.

英國著名的寫生畫家和戰地記者威廉·辛普森，曾被派往 40 多個國家去報導當地的戰爭、風土人情和其他重大事件。1872 年，他被派往中國報導同治皇帝的娶親婚禮，該系列報導在英國引起了很大的轟動，使得西方的「中國熱」再次急遽升溫

MR. MELTON PRIOR.

奧地利畫家和馳名歐洲大陸的戰地記者約翰·勳伯格。他是《倫敦新聞畫報》為了報導北京的義和團運動和八國聯軍進攻北京而於1900年被派往中國的。他到達北京之後，發回了數量驚人的速寫圖片和文字報導

《倫敦新聞畫報》記者梅爾頓·普里爾，他在華的時間是1899年，即在1898年戊戌變法之後和1900年義和團運動爆發之前

MR. R. CATON WOODVILLE, R.I.

MR. JULIUS M. PRICE.

《倫敦新聞畫報》記者R.卡頓·伍德維爾，他來中國主要是為了報導甲午戰爭

《倫敦新聞畫報》記者朱利葉斯·M.普萊斯，他是被派到中國報導中法戰爭的

MR. WILLIAM INGRAM.   MR. CHARLES INGRAM.

THE MANAGING DIRECTORS OF "THE ILLUSTRATED LONDON NEWS."

英格拉姆的次子威廉和三子查爾斯均曾為《倫敦新聞畫報》的高管

圖像的力量

在大眾資訊傳播領域，相對於抽象的文字，圖像往往更具直觀性而更易被大多數人接受。尤其是那些遠古的神話故事或是流傳廣泛的宗教神蹟，抑或遙遠邊地的異域風光、風土人情、相貌特徵，圖畫不僅能提供鮮活的視覺形象，還能令讀者在畫面背後產生無盡的想像。現藏於大英圖書館的《祇樹給孤獨園》是唐咸通九年（868年）刊印的《金剛般若波羅蜜經》扉頁插圖，是目前有年代可考的最早文字出版物插圖。它的出現不僅開啟了插圖文本的新時代，並由此將插圖逐漸發展成為一種新的繪畫藝術形式——版畫。

版畫是透過印版媒介將圖像轉印於紙上的繪畫作品，具有間接性與可複製性。然而最初的版畫卻不是出於藝術審美的創造目的，而是源於人們對圖像複製的需求。宗教是一種最廣泛的精神性活動，需要大量的宣傳物以傳播教義。是以無論中外，最早的版畫幾乎多為宗教插畫或神蹟故事繪圖。如發現於敦煌的8世紀用二方或四方連續方式捺印的《現在賢劫千佛名經》。

隨著社會文明的進步和印刷科技的發展，出版業逐漸由被貴族和宗教所掌握走向平民化的商業市場。1450年德國人谷騰堡發明了鉛合金的活字排版印刷技術，使西方印刷業發生了革命性變化，並對此後西方圖書出版業產生了深遠的影響。15世紀時，歐洲的印刷作坊已遍及各地，並且形成許多印刷中心，如荷蘭的烏特勒支，德國的紐倫堡、奧格斯堡、科隆，還有義大利的威尼斯等城市。

書籍出版業繁榮的同時也帶動書籍插圖業的興旺。德國巴伐利亞州班貝格地區主教祕書阿伯雷奇·費斯特是西方最早為書籍配上印刷插圖的人。他在1461年出版了名為《寶石》的書，書中收錄了一些鳥類和獸類的故事並配有精美插圖。顯然，版畫插圖使書籍更加豐富和具有直截了當的

圖像的力量

說服力與吸引力。這就使得版畫插圖逐漸成為出版物中不可或缺的構成要素，同時也成為出版業市場競爭中的核心力之一。如明代中期，全國政治安定，經濟平穩，文化時尚觀念發生轉變，一批新興讀者群開始崛起，他們渴求閱讀消遣娛情養性的作品，而不再局限於儒家經典、學術著作或宗教讀物。社會對圖書的大量需求，刺激了圖書市場的興旺，使出版業達到了歷史的鼎盛階段，行業競爭呈現白熱化狀態。其時，版畫插圖開始全面地應用在各類小說傳奇、雜劇、詩詞、圖集、科學博物、初學識字課本、歷史、地理、人物傳記等圖書之中，出現了「差不多無書不圖，無圖不精工」、異彩紛呈的高潮，被譽為中國版畫史上「光芒萬丈」的時代高峰。與此同期，西方出版界的版畫商業市場迅速發達，不僅出現了大量職業插圖家和雕版技師，還培育出繁榮的版畫複製市場，為 19 世紀的「版畫原作運動」奠定了堅實的社會認知基礎。

在達蓋爾的攝影術發明前，繪畫除了藝術審美目的外，另一個重要功能就是記錄，即以繪畫方式將重大歷史事件、社會名流或大自然奇觀異象用視覺形象表現出來。而要將這些具有特定價值或意義的繪畫圖像進行廣泛的社會傳播則需要版畫來複製完成，於是出現了不同於一般文字書籍，也不同於繪畫複製品的讀物，那就是畫報、雜誌。

1829 年菲力彭在巴黎創辦了以畫面為主定期出版的《剪影》雜誌。這本綜合性雜誌，每期都有整張的石版畫刊出。1830 年菲力彭在《剪影》的基礎上改出《漫畫》週刊。每週星期四出版，四頁文字說明和兩大張紙質很好的石版畫，有些還用手工賦彩。1832 年菲力彭同時又創辦了《喧鬧報》，這是一種日刊，開本較《漫畫》稍小，共四頁，內容主要是對法國社會生活中各種事件的報導、評論、諷刺和教育，並配以石版畫的插圖。這兩種刊物是當時巴黎影響最大也最受歡迎的畫刊。與此同時，在英吉利海峽另一端的英國，《倫敦新聞畫報》創刊了。

18 世紀工業革命的成功使英國迅速成為西方最發達的國家和「世界工廠」。直到 1870 年代，英國在世界工業生產和世界貿易中仍獨占鰲頭。它

生產著世界各國所需的大部分工業品，其對外貿易額幾乎相當於法、德、美三國的總和。它擁有的商船噸位約為法、德、美、荷、俄各國的總和，位居世界第一。同時，英國從 19 世紀初期就開始大規模地推行殖民擴張政策，至 1870 年代已占據了世界上面積最大的殖民地，號稱日不落帝國。

在這樣殖民版圖區域遼闊和眾多人文地理面貌並存的大背景下，《倫敦新聞畫報》以圖像方式報導新聞的辦刊定位，無疑使其成為當時最具「眼球效應」賣點的媒體。可以想像，當時人們透過畫報外派畫家兼記者發回的連續性圖片和文字報導不僅網羅了「天下」時事資訊、奇聞趣事、花邊新聞，同時又過足了眼癮。加之辦報人傑出的經營理念、有效的市場行銷策略和與時俱進的技術跟進，使得《倫敦新聞畫報》在創刊後的百餘年裡保持著旺盛活力。

偶然機緣，沈弘教授在英國訪學期間發現了數百卷保存完好、含有大量與中國相關老圖片的《倫敦新聞畫報》。出於學者的敏感直覺，他立刻意識到這些畫報的文獻價值，耗時十年，將與中國相關的文字和圖片翻譯集結成冊出版。我們有理由相信《倫敦新聞畫報》中有關中國的圖片和文字資料是研究中國近代和現代史的一個重要素材來源，因而具有較高研究價值。

其中大量製作精美的版畫插圖和頗具現場感的速寫，不僅為讀者展現了寬廣的 19 世紀中國世俗社會生活圖景，同時也為新聞紀實性版畫藝術研究提供了大量的範本。

新聞畫報的事件再現性功能決定這些插圖必須具有高度寫實性，透過畫面栩栩如生的人物刻畫和場景描繪還原一個虛擬的「真實」空間。這些「真實」的圖像和報導中的文字可在讀者目光交替之際，在腦中產生類似立體視聽殘響的效果。如 1854 年 4 月 7 日刊的〈皇家劇院〉中「飛刀」雜技表演的精彩場景，一位雜技演員仰面站在一塊木板前，五把鋒利的尖刀緊貼他的脖頸兩側和腋下深深釘在木板上。因為緊張，他的雙手微張，左右平衡，雙腳扒緊地面，保持著身體的穩定。他對面的表演搭檔奮力擲出一

圖像的力量

把泛著寒光的飛刀，他面部躊躇淡定的表情與身後幾名西方女子驚愕的 O 形嘴形成絕妙對比。我想這幅插圖即便脫離了旁白性的說明文字，也依然是件傑出的獨立銅版畫作品。

從插圖的製作上看，有些是畫家的現場速寫，這些作品儘管看似凌亂，不夠工整，但畫面更樸實，有明顯的「現場感」。如 1859 年 4 月 2 日〈中國速寫：婦女髮型、洗衣方式〉其中一幀〈做像茶壺一樣的髮型〉，畫面用筆自由流暢，人物形態如同日常，沒有擺拍扭捏之感，正如畫家所言，就連畫中那位少婦不雅的坐姿也修飾地記錄了下來，充滿了生活氣息和情趣。還有一些顯然是「大製作」的圖畫，這些雕凹線法的銅版畫構圖布局考究，製作精良，富有貴氣，顯然是出版人高價聘請了頂級雕版師根據記者發回的速寫而作。從內容上看，這類作品多表現為歷史重大事件或對自己文治武功的粉飾。如 1858 年 10 月 2 日〈「中英天津條約」的簽訂儀式〉一圖，是歐洲歷史畫的典型樣式，場面宏大，人物眾多，富有儀式感。再如刊於 1860 年 8 月 11 日的〈中國報導：英法聯軍即將北上〉中的插畫，畫面上聯軍艦隊陣勢浩大，在藍天白雲下的香港九龍灣海域肅然有序地進行著兵力運輸。嚴謹的寫實畫風，精美密集的線條和豐富的明暗色調使得畫面充滿異域情調。

這些林林總總、內容繁雜的插畫穿越時空直至今日，在我們翻看閱讀時還能產生一種幻象，似能再現過去的生活場景、隆隆的炮聲、馬的嘶鳴和喧鬧的人聲……儘管一個多世紀過去了，斗轉星移，滄海桑田，而身處現代資訊高度發達社會的人們，其實也如同 19 世紀的人一樣，對圖像資訊總是充滿好奇與期待，所不同的是現代人擁有更便利快捷的圖像獲取與傳播方式，而圖像所傳遞的力量則永不減退。

中央美術學院　陳琦

譯序

沈弘

2003 年 2 月至 7 月間，我身為由英國學術院資助的人文學科訪問教授，赴英國進行短期的學術研究。此行的目的主要是研究中古英語文學，但在圖書館昏暗的書庫頂樓裡，我卻偶然發現堆滿了整整一堵牆的數百卷《倫敦新聞畫報》（Illustrated London News）中含有大量跟中國有關的老照片和圖片。於是我便臨時調整了研究重點，由此踏上了一次漫長而驚心動魄的中國老照（圖）片發現之旅。在接下來的六個月中，每天圖書館開館後的大部分時間裡，我都躲在這個僻靜的角落，屏息靜氣地觀看中國近現代史上那一場場大戲的帷幕在我眼前徐徐開啟……

轉瞬間已經過去十年了，但是當時在圖書館書庫頂樓靠窗處翻閱厚重週刊合訂本的那個場景仍歷歷在目，彷彿就發生在昨天。它使我聯想到了伯希和在敦煌莫高窟王道士的昏暗密室裡翻閱經卷的情景。當時伯希和的心情應該跟我是一樣的。

一

創刊於 1842 年 5 月 14 日的《倫敦新聞畫報》是世界上第一個成功地以圖像為主要特色來報導新聞的週刊，其影響力遍及歐美亞等許多國家。它的圖片收藏堪稱是世界上覆蓋面最廣的插圖版畫和老照片寶庫，其內容包括了從 1842 年至 1970 年的世界各國幾乎所有的重大歷史事件和社會生活的各個方面。僅僅在維多利亞女王在位期間（1837 ～ 1901），它所刊登的圖片就多達一百多萬張。

該雜誌的創始人是赫伯特·英格拉姆（Herbert Ingram）。1833 年至 1841

譯序

年在諾丁漢任印刷商和報刊經售人期間，他注意到了以下這個現象：即每當《每週紀事》（Weekly Chronicle）和《星期日泰晤士報》（Sunday Times）等雜誌刊登版畫插圖時，它們的需求量總是大幅度增加。尤其是 1837 年英國發生了震驚全國的湯瑪斯·格林納克（Thomas Greenacre）謀殺案之後，《每週紀事》結合案件的報導和偵破過程，出版了幾期帶插圖的專刊之後，銷售一下子就變得十分火爆，給當時在諾丁漢推銷這份週報的英格拉姆留下了深刻的印象。因而在 1841 年移居倫敦之後，他便決定要自己創辦一份用圖像來報導新聞的週報。經過周密的策劃，這份售價為 6 便士、內容龐雜但裝幀漂亮的出版物在 1842 年一問世便獲得了空前的成功。首期就賣出了 26,000 份，當年年底之前達到了 60,000 份。6 年後又漲到了 80,000 份，1851 年銷量突破了 130,000 份，到了 1863 年銷量已經是驚人的 300,000 份。

《倫敦新聞畫報》的成功立即引來了世界各國一大批類似刊物的跟風和效仿。法國的《畫報》（Illustration）和德國的《新聞畫報》（Illustrirte Zeitung）先後創立於 1843 年。美國紐約的《哈波斯週刊》（Harper's Weekly）問世於 1857 年，倫敦的《圖像雜誌》（The Graphic）成立於 1869 年，接著在 1889 年又出現了《圖像日報》（Daily Graphic）。《倫敦新聞畫報》又先後推出了在紐約出版的美國版和在墨爾本出版的澳洲版等。這些刊物與當地的一些插圖週刊互爭高下，呈現出了百花齊放的局面。早在 1858 年，《倫敦新聞畫報》來華報導第二次鴉片戰爭的特派畫家威格曼就已經發現，廣州的中國人非常喜歡用《倫敦新聞畫報》來裝飾他們的牆壁和平底帆船。1872 年，另一位特派畫家辛普森（William Simpson, 1823 ～ 1899）來中國報導同治皇帝大婚的新聞時，也曾吃驚地發現，北京的大街上居然打出了銷售《倫敦新聞畫報》的廣告，就連上海的舢板船篷的內壁上也密密麻麻地貼滿了《倫敦新聞畫報》。中國清末最著名的《點石齋畫報》最早是 1884 年作為附屬於上海《申報》的旬刊畫報所創辦的。當時《申報》的老闆是英國人，其創意毫無疑問也是受到了《倫敦新聞畫報》的影響。

《倫敦新聞畫報》之所以能在長達一個多世紀的時間內一直保持長盛不

衰的態勢，其成功的祕密就在於辦報人高標準且要求嚴格，對這份刊物的品質和品味追求精益求精。赫伯特‧英格拉姆在創辦之初就幸運地得到了英國一位傑出畫家約翰‧吉爾伯特（John Gilbert）爵士的鼎力相助。吉爾伯特才華橫溢，19 歲時便在英國皇家美術家協會的會展中展出了自己的作品。兩年後，他的另一幅作品又入選了英國皇家美術學院的畫展。後來他還先後被選為英國老水彩畫學會的主席和英國皇家美術家協會的會長。他用自己的生花妙筆撐起了這份雜誌在創辦初期的半邊天，如在創刊期所包含的20 幅插圖中就有 8 幅是出自吉爾伯特之手。此後，該刊物跟皇家美術家協會和皇家美術學院這兩個英國美術界權威機構的關係一直非常密切。

1860 年英格拉姆及其長子在美國度假時因遊船在密西根湖中沉沒而不幸遇難之後，他的兩位摯友和合夥人便馬上又請來了薩繆爾‧里德（Samuel Read）和梅森‧傑克森這兩位英國美術界的翹楚。傑克森在其後的 25 年中擔任了《倫敦新聞畫報》的藝術編輯，為維護這份週刊在業界的領先地位做出了極大的貢獻。在 1892 年之前，英國還沒有將照片和畫家的速寫直接印在報刊之中的相關技術，必須先將它們製作成版畫，然後才能用於印刷。由於製作版畫是一項精細的手工活，所以往往需要較長的時間，這樣圖像的時效性就成了新聞出版過程中的一個瓶頸。傑克森經過多年的潛心研究，在這方面有一個重大的發明，他設法將攝影術直接運用於版畫的製作，即將照片或速寫等圖像畫面直接印在梨木板上，然後用刻刀直接在這個畫面上製作雕版。這樣就能保證在相對較短的時間內完成一幅比例準確而又效果優異的印刷雕版。憑藉這一先進的雕版技術，《倫敦新聞畫報》得以在 19 世紀後半期各種新聞畫報層出不窮的激烈競爭中始終穩居第一，保持其在業界的龍頭老大地位。

為了保持其在英國插圖報刊中的壟斷地位，該刊物還聘用了當時英國一些最有才華的作家，如斯蒂文森、哈代、吉卜林、康拉德等為其寫稿，以及聘用當時在歐洲最負盛名的一些畫家，如辛普森、普賴爾和勳伯格等為特派畫家兼記者，前往世界各地去採集和報導新聞。在硬體設置上，《倫

譯序

敦新聞畫報》在業界也始終保有最先進的印刷機械和設備，而且總是採用質地最優良的印刷紙張和最先進的刻版及印刷技術。它的那些筆法細膩的版畫插圖現在看起來都堪稱是價值和品味甚高的藝術品。從 1892 年起，該刊率先採用當時最先進的照片印刷技術，開始用越來越多的照片來逐步取代原來的版畫插圖。與此同時，刊物內也開始出現越來越多色彩絢麗、印刷精美的彩頁插圖。

採用攝影新技術製作的版畫筆觸細膩，與照片幾可亂真

20 世紀前半葉對於兩次世界大戰的報導中，攝影技術作為新聞報導主要媒介的效果達到了頂峰。照相圖片以其對枝微末節的精細呈現，將這兩

次戰爭的宏大、殘酷和慘烈的場面栩栩如生地展現在讀者面前，並以前所未有的時效性和直觀性將世界各地正在發生的種種事件迅速地報導出來，使得讀者有一冊畫報在手，不出家門便能知天下大事的臨場感。在這方面，《倫敦新聞畫報》也做得十分出色。它所派往世界各地的特派或常駐當地的攝影記者從四面八方源源不斷地傳來最新的畫面和新聞報導，為讀者提供了一場前所未有的視覺盛宴。

然而正如俗話所說，「花無百日紅」。隨著攝影技術的普及和專業攝影刊物層出不窮地出現，《倫敦新聞畫報》保持了一個多世紀的業界優勢在20世紀中期不斷地受到挑戰。由於該刊物的定位並非高端的攝影專業雜誌，所以它原來在圖像方面的領先優勢逐漸消失，讀者群也隨之萎縮。進入1970年代之後，該刊物被迫從週刊改為月刊，接著又先後改為雙月刊和半年刊。到了2003年，它便壽終正寢，不復存在。

二

《倫敦新聞畫報》1842年創刊之際，正是第一次鴉片戰爭剛結束之時。因此從一開始，該刊就有一定數量關於中國的連續性圖片和文字報導。對於研究西方人眼中的中國形象來說，它確實是非常獨特而典型的載體和頗為理想的研究對象。

創刊初期，由於當時英、中民間交往很少，作為插圖作者的畫家們大都從未來過中國，平時所依據的幾乎全都是第二手資料，所以他們呈現的中國形象是有明顯隔閡和偏差的。例如《倫敦新聞畫報》1842年7月9日的一篇中國報導中關於清軍炮兵的插圖就有明顯的問題：明明是在介紹清軍的情況，但圖中兩位士兵的裝束和盔甲卻明顯不是清代的樣式，而更像是明代的。

《倫敦新聞畫報》第5卷第114號上另有一篇題為〈中國水勇〉（1844

譯序

年 7 月 6 日，12 頁）的報導如今讀來顯得更為荒誕：

> 海德公園角的「唐人館」剛剛增添了一個非常有趣的藏品。這個直接從中國收到的藏品是一個全副武裝的「水勇」，據信這是帶到英國來的唯一標本。這個水勇坐在一個豬皮筏子上，手裡拿著三叉戟等武器。在最近的英中交戰之前，他被認為是跟英國水兵旗鼓相當的對手，但現在我們懷疑中國人一定是因用這些可憐的武器來抵抗那些習慣於「統治水面」的英國人而沾沾自喜；而這對於一個擁有活字印刷、火藥和指南針這三項現代最重要發明民族來說是極不相稱的。但有人認為，這種「水勇」也許在和平時期用於內陸湖的捕魚更為合適。

應該解釋的是，「水勇」是以所乘坐的充氣豬皮筏子當作「馬」。他一手拿著火繩手槍，另一隻手裡的三叉戟上套有鐵環，他就是透過搖晃三叉戟所發出的聲音來嚇唬「蠻夷」的。水勇的身上穿著普通中式服裝，褲腿捲到了大腿之上。

中國的炮兵和火炮

中國水勇

上面這個例子似乎可以說明，當時英國普通民眾對於中國的認知是非常有限且不準確的。

但這種局面很快就發生了變化。從 1856 年開始，該刊開始往中國派遣特約畫家兼記者。從那時起，凡是在中國發生的一些重大歷史事件，如

第二次鴉片戰爭、太平天國起義、甲午戰爭、中法戰爭、義和團運動、八國聯軍、日俄戰爭、辛亥革命、軍閥混戰、北伐戰爭、江西剿共戰爭、抗日戰爭和解放戰爭等等，都有該刊特派畫家兼記者的現場目擊報導和發回英國的大量圖片、文字資料。除此之外，那些來華的特約畫家兼記者還特別關注中國的風土人情、生活習慣，以及社會各方面的情況，其目的不僅是滿足英國國內讀者對於中國的好奇心，也是試圖交流東西方文化間的差異。其中有關中國的數千張圖片和數百萬文字向我們展現了清末民初這一個多世紀的時間裡中國頗為綺麗壯觀的長幅歷史圖卷。

這些從西方人的視角來看中國歷史的圖片和文字具有以下幾個鮮明的特色：

1. 它們大多是關於現場的目擊報導，屬於第一手的原始歷史資料。
2. 它們對歷史事件的觀點往往跟中文史料的觀點相左，這就為我們研究歷史提供了另外一個角度的參照物。
3. 它們所報導的一些事件和中國社會生活的細節往往是中文史料中的盲點，是別處難以找到的珍貴史料。
4. 由於前後延續一百多年，其對中國報導的系統性和連續性也是許多其他西方歷史資料所不能企及的。

由於以上這幾個特點，我們認為《倫敦新聞畫報》中的這些圖片和文字資料是研究中國近代史和現代史的一個重要素材來源，也是對同時期中文史料的一個必要補充，因此具有極高的出版研究價值。

從 1857 年至 1901 年，《倫敦新聞畫報》曾經向中國派遣了至少六位有案可查的特約畫家兼記者：威格曼（Charles Wirgman, 1832～1891）、辛普森（William Simpson, 1823～1899）、普萊斯（Julius M. Price, 1857～1924）、伍德維爾（R. Caton Woodville, 1856～1927）、普里爾（Meton Prior, 1845～1910）、勳伯格（John Schönberg, 1844～1913）。他們跑遍了華南、華北、山東、山西，採訪報導了中國社會各個層面的歷史和現狀，向英國國內發回了上千張關於中國的速寫和幾十萬字的文字報導。其中威格曼、

辛普森和勳伯格這三位記者表現得尤為突出。

　　威格曼是於 1857 年 3 月第一個被派到中國來的特約畫家兼記者。在前往中國的漫長路途中，威格曼就發回了一系列沿途采風報導：他描寫在海上看到的壯麗景觀、船上的各色旅客和水手船長、途經一些國家的景色和風情，尤其是關於東南亞華僑的生活習俗。1857 年 7 月 17 日，《倫敦新聞畫報》發表了威格曼從中國發回的第一篇戰地報導和相關速寫。隨後便是每週一期的一系列的中國目擊報導，他的視野不僅僅停留在戰事的進展上，而且還盡可能廣泛地介紹他親眼所見的各地風情，例如摘茶女、清軍旗手、婚禮、廣州市井、商船、轎子、街上的行人、廣州城在英軍炮擊所起的大火、與清軍作戰的太平軍、海盜、香港、上海港、中國的刑罰、旗幟、服裝、外國貨輪、英國軍艦、大禹陵、中英天津條約、達賴喇嘛、廣州施捨站、小偷在街上受鞭撻、繁華的商業區、佛教寺廟、中醫、香港跑馬場、香港畫家、臺灣人的生活習俗、大連、旅順、天津與潮白河、中國的春節、中國人的家庭生活、中國婦女的髮型、洗衣服的方式、琉璃廠古玩街、北京的馬車、茶館、潮白河上小孩的滑冰方式、村民的生活和娛樂方式等等。當然，身為戰地記者，他所報導的主要還是第二次鴉片戰爭的整個進程和各次具體戰役的細節，其中最重要的自然要數火燒圓明園。他的中國寫生作品和系列報導在當時的英國國內掀起了一股持續好幾年的「中國熱」。

威格曼（穿黑上衣者）正在中國採訪寫生

廣州城的一個佛教寺院，1860 年 4 月。在圖片前面的這三個外國人中，
左邊是比托，中間是威格曼，右邊是一位法國記者

譯序

　　威格曼的數十篇隨軍戰地報導為我們留下了有關第二次鴉片戰爭的第一手珍貴史料，尤其是那些他在現場所畫栩栩如生的戰地速寫堪稱獨一無二。他的文字報導也很有特色，除了反映基本事實，如英軍和清軍雙方的參戰和傷亡人數、每次戰役英軍所攻克的炮臺數量和名稱、所繳獲或破壞的大炮門數等中文史料中往往忽略的方面之外，還經常有自己獨到而細緻的觀察和感受，能給人一種目擊報導所特有的強烈臨場感。

　　威格曼跟另一位英軍隨軍記者，即義大利攝影師比托（Felice Beato, 1832～1909）之間的私交不錯。如上面這張老照片所示，兩人在廣州時經常形影不離，留下了不少合影。比托以攝影見長，而威格曼則以繪畫取勝，同時文筆也相當優美和流暢。他倆在新聞報導上一唱一和，相輔相成，為後世留下了不少珍貴的歷史資料，其中比托在圓明園被燒毀當日所拍攝的六張清漪園照片是目前唯一能夠找到的現場歷史照片；而威格曼所畫英法聯軍占領的安定門甕城、城門下北京市民們圍觀英軍哨兵和《京報》記者抄寫英軍最後通牒的場景，以及英國特使額爾金勛爵在英軍護衛下透過安定門進入北京城的宏大場面等圖像，也同樣珍貴和重要。威格曼和比托都不約而同地參加了英軍派到清漪園去縱火的那支部隊的採訪報導。除了珍貴的現場圖像資料之外，兩人還都留下了文字記載和報導。而威格曼所提供的眾多細節描寫為後人考察和研究這段歷史提供了一個比較可靠的參考。

　　辛普森也是英國著名的寫生畫家和戰地記者，曾被派往40多個國家去報導當地的戰爭、風土人情和其他重大事件。1872年，他被派往中國報導同治皇帝的娶親婚禮，該系列報導在英國引起了很大的轟動，使得西方的「中國熱」再次急遽升溫。在長達一年多的時間裡，《倫敦新聞畫報》幾乎每週都刊登他的中國報導。這些報導文章和圖片的題目包括去中國的航行、郵船在紅海、客輪上的禮拜儀式、包令爵士、在家中的中國人、北京的皇家婚禮、舉行大婚的同治皇帝、新娘的公主府、北京的街景、在北京做聖誕節布丁、中國的婚禮習俗、北京的教會男校和女校、天壇、八達

嶺長城、十三陵、寺廟、街頭木偶戲、送京報的男人、死嬰塔、孔廟、國子監、射箭的滿人、英國公使館、北京的貢院和參加科舉考試的貢生、上海的當鋪、漢口的英國人劇院、天津見聞、紡線的農婦等等。辛普森不僅繪畫技藝出眾，能準確把握中國人的形象特徵，而且文筆很流暢，知識淵博，寫出來的文章很吸引人。

　　同治皇帝大婚是辛普森首次來華採訪報導的重頭戲，所以與此相關的幾篇報導文字描寫特別精彩，將清朝八旗如何挑選和訓練秀女、大婚之前如何在北京大街上展示各地送來的禮品和皇帝的聘禮，以及大婚那天晚上婚禮行列又是怎麼把新娘迎娶到紫禁城裡的整個過程頗為詳細地介紹給了西方的讀者。由於清朝皇族的婚禮嚴格實行薩滿教的神祕禮儀，浩浩蕩蕩的迎親隊伍必須在半夜時分從公主府出發，不同的方陣都各司其職，不僅要邊走邊舞，在大街上走出特定的路線圖案，而且還要有一個欽天監官員手持標有刻度的焚香在一旁控制和調節婚禮行列的行進速度，以便在某個吉時能讓新娘的花轎準時進入紫禁城的大門。而所有這一切都是禁止旁人窺視的。薩滿教的某些神祕禮儀有時令現代讀者頗為費解。我在翻譯的過程中曾經專門請教過北京一些研究薩滿教的學者，根據他們的評價，辛普森報導中所透露的一些皇家婚禮細節還是很有研究價值的。辛普森關於這次皇帝婚禮所畫的相關插圖也特別出彩，其中兩幅曾被選中作為《倫敦新聞畫報》的封面。

　　辛普森的其他報導也具有很高的歷史研究價值，例如他在 1873 年 3 月 22 日的一篇題為〈北京見聞〉的報導中詳細描述了置放在北京孔廟中十個刻有詩歌銘文的石鼓，不僅追溯了這些石鼓文的淵源和意義，而且還特意用畫筆直觀地表現了其中一個被破壞和改鑿成馬槽的石鼓。這篇報導的中譯文經本文作者在《北京青年報》的一篇文章中發表之後，武漢有一位專門研究石鼓文的學者如獲至寶，認為它給中國國寶級文物留下了一個珍貴的記載。在上述同一篇報導中，辛普森還詳細描繪了一位在紫禁城邊一條街上將盛有《京報》的褡褳放在左肩上，徒步將它們逐一發送到訂戶家中

譯序

的京師傳信官。類似這樣的現場目擊報導在中文史料中也是罕見的。

勳伯格是一位奧地利畫家且馳名歐洲的戰地記者。《倫敦新聞畫報》為了報導北京的義和團運動和八國聯軍進攻北京，在1900年派勳伯格前往中國。當時該週報已經開始大量採用照相技術來進行背景介紹，以及人物和事件的資料報導。然而，由於當時的照相機比較笨重，成像時間較長，以及整個攝影程序比較複雜，所以戰地現場報導仍然依賴於畫家的速寫。勳伯格到達北京之後，發回了數量驚人的速寫圖片和文字報導。這些報導文章和圖片的內容包括京師場景、義和團招兵買馬、過水閘的義和團、教會學校、北京的場景、西伯利亞東部的戰場、英國公使館內的聯軍士兵、中國的茶館、從天津到北京的艱難歷程、天津的冬夏場景、李鴻章在滿洲裡向蒙古人徵收貢品、滿洲裡的縣官審問俄國人、義和團的軍隊、重慶和山海關、大沽炮臺的陷落、潮白河場景、義和團的反洋教宣傳、慈禧太后、西伯利亞邊境的中國人、俄軍在天津郊區巡邏、孟加拉騎兵押解義和團俘虜、中國的剃頭店鋪、日軍騎兵的衝鋒、北京城牆上的近戰、北京的城牆、清軍在松江、八國聯軍在北京逐家搜捕拳民、見證拳民的刀槍不入、保衛英國公使館、俄軍騎兵在總理衙門、白河上的舟橋、八國聯軍進入紫禁城、聯軍軍官們一起進餐、聯軍在北堂做禮拜、孟加拉騎兵在開往北京的路上、聯軍炸西山大白塔、聯軍在天壇慶祝阿爾馬戰役紀念日、英軍經水門進入北京內城、英軍占領哈達門、英軍攀登北京城牆、聯軍占領山海關、摧毀中國寺廟、中國旅店的炕、英軍在八大處偵察、運河上帶帆的雪橇、聯軍向保定府出發、英軍押解中國苦力在豐臺搶修鐵路、八國聯軍總司令瓦德西進入北京、英俄商討共修鐵路、英軍搶劫珍寶作為獻給女王的禮物、聯軍拍賣搶來的物品、中國的經輪、瓦德西視察英軍、中國官員要求跟德國公使面談、在天津府審判拳民、關在天津衙門裡的兩個女拳民、英軍從鄉村搶來的物品和地契、北京的萬國俱樂部、英俄在天津的衝突、英軍下令拆毀天津城牆、鐵路修到北京天壇、李鴻章的直隸衙門、北京街景、美軍登上北京城牆、聯軍在天津的墓地、蒙古親王攜獵鷹出獵、中國

的一個花園招待會、巴夏禮、英軍挖出清軍埋藏的德國鋼炮、醇親王向德皇謝罪、《辛丑條約》的簽訂等等。應該特別指出的是，勳伯格具有相當深厚的繪畫功力，在他的現場速寫中有不少被製作成了畫幅很大的插圖。

綜上所述，威格曼、辛普森和勳伯格這三位《倫敦新聞畫報》特派中國的畫家兼記者從不同的角度對 19 世紀後半葉的中國做了詳實而相對客觀的目擊報導。他們的系列報導視角獨特，內容充實；不僅是珍貴的史料，也是非常吸引人的讀物。如果收集比較齊全的話，這三位特派畫家兼記者的報導文章和圖片均可獨立成卷，並組成一個具有連貫性的系列。其他三位特派畫家兼記者發回英國的文字報導和圖片則相對來說要少些：普萊斯應該是被派來報導中法戰爭的，但是他在中國停留的時間似乎較長，或者他曾數次來過中國。伍德維爾來中國主要是為了報導甲午戰爭，而普里爾在華的時間是 1899 年，即在 1898 年戊戌變法之後和 1900 年義和團運動爆發之前。

三

早在 2003 年發現《倫敦新聞畫報》的珍貴史料和藝術價值之後，我就曾下決心要把這個刊物中有關中國的報導都翻譯成中文出版。到 2004 年，我就已經翻譯出了數百篇相關報導，不過由於對中國歷史和人文地理知識的欠缺，當時的譯文仍不太成熟。簡而言之，我在翻譯威格曼關於第二次鴉片戰爭的戰地報導時遇到了一些難以踰越的障礙，例如他身為隨軍記者，詳細報導了英軍所參加的幾乎每一次戰役，可是廣州珠江上和江岸兩旁建有為數眾多的炮臺，而且珠江流域還有密如蛛網的支流。英國人將這些炮臺和珠江的支流都起了英文名字，所以很難將這些特殊的英語專有名詞準確地還原成中文。我一直在試圖尋找當時的英語或英漢雙語的廣州地圖，但是到目前為止，一直還沒有找到。

另外原本想要出版《倫敦新聞畫報》中國報導系列叢書的計畫也遲遲

譯序

沒有真正實現。

2008 年，聽說有人已經編輯出版了《倫敦新聞畫報》的中國報導，我一度準備完全放棄這個翻譯和出版計畫。但後來看到《維多利亞時代的中國圖像》這本書之後，發現它只是收集整理了該刊物在 19 世紀中所發表有關中國的四百多幅圖片，並沒有譯出原來的文字報導，而且書中尚存有各種錯誤，所以我仍對最初的翻譯和出版計畫懷有希望。

由於《倫敦新聞畫報》是以用圖像來報導新聞為主要特色的，所以有些人過於看重該刊物的中國圖像，而輕視與圖像相輔相成的文字報導。然而圖文並茂是《倫敦新聞畫報》最重要的特徵，文字報導是對那些圖像的最佳解釋，如果沒有了相關的文字，不僅圖像的內涵意蘊黯然失色，而且還會造成誤讀。關於這一點我可以舉出很多的例子。

例如《倫敦新聞畫報》第 19 卷，第 492 號，1851 年 8 月 30 日，269 ～ 270 頁上有一篇關於維多利亞女王在奧斯本宮招待了剛從廣州抵英的一個中國士紳家庭的報導和一幅插圖。有人據此推斷，該文所提及的那個所謂的「鍾阿泰」就是唯一參加 1851 年首屆倫敦世博會，並以「榮記湖絲」獲得女王所頒金銀大獎的中國商人徐榮村。但這種觀點實際上難以成立，讀者如果有耐心讀完下面這段文字報導，就絕不會認同上述論斷：

上週一我們最殷勤好客的維多利亞女王陛下在奧斯本宮招待了一位剛從廣州來到英國的中國士紳鍾阿泰（Chung-Atai）及其兩個小腳妻妾、一個小姨子。這個中國家庭所獲得的殊榮便是上面這張插圖的主題。這是迄今所知享受到這一崇高特權的首個中國家庭。由於清政府嚴禁上流社會的婦女離開中國，所以這個中國家庭能夠克服根深蒂固的偏見，舉家離開天朝帝國，必定是下了極大的決心。這更彰顯了他們的冒險精神，並且使得這一事件變得非常耐人尋味。關於在奧斯本宮舉行的這次招待會，本報在上一期中有一篇詳細的專題報導。

因涉及纏小腳的士紳女眷們出洋，這個中國家庭在廣州經歷了當局設置的各種障礙和刁難，但最終還是把所有的難題都解決了。1851

年 2 月 20 日，他們在香港登上了開往倫敦的「皮爾女士號」船。雖然這一航程花費了很長時間，但他們看起來似乎非常自在和愉快。家庭成員都住在艉樓的船艙裡，相互間經常保持聯繫，這使得他們始終能相互依靠，由於他們具有安靜而隨和的性格，很享受家庭成員間的親情，所以他們成為家庭幸福的完美典範。對於英國的許多家庭來說，他們提供了一個良好的榜樣。在離開中國之後，船停靠的第一個地方是蘇門答臘島。在那裡該船得到了水果和糧食儲備的補給。當船的甲板上出現了馬來人那陌生而粗獷的身影時，那些中國人簡直遏制不住自己的喜悅和驚奇。船停靠的第二個地方是聖凱倫拿島。由於在過去的幾個星期裡船上的淡水供應較為緊缺，因此給旅客們造成了很多不便。所以當人們看到陸地時，喜悅之情溢於言表。該島的總督克拉科中校、他的副官及幾位女士和紳士一起來到了船上，為能跟這個獨特的中國家庭面對面地進行交談而感到高興。

「皮爾女士號」最終於本月 10 號到達了格雷夫森德。這個中國家庭全都安全登岸，並且受到了英國朋友們的熱烈歡迎。後者已經在此等待了一段時間，中國人給他們帶來了自己的介紹信。

他們此行的目的之一是參觀在倫敦舉行的世界博覽會。上週六他們已經達成了這個心願。由於女眷們都纏小腳（她們的鞋底只有 1.5 平方英寸大）的這一令人無奈的特點，她們顯然不適合去擠世博會的人群。一個更為妥善的辦法就是讓她們趁上午去為殘疾人安排的專場參觀。所以他們便穿上了本國生產的漂亮刺繡綢緞衣服，坐在舒適的轎椅裡，被人抬著去水晶宮裡轉了一圈。他們對於自己所看到的每一件物品都感到非常喜悅和驚奇。他們也受到了世博會管理委員會一位執行董事的殷勤接待，後者全程陪伴他們在水晶宮裡參觀。這個中國家庭很高興地發現每一位參展者都很客氣，想讓他們盡可能地看完那裡所展出的各種產品樣本。尤其是在法國的展區，有好幾位參展者都對他們彬彬有禮，有的甚至把展品從展櫃裡拿出來，以便能讓他們看得

更加仔細。

　　據稱這些可愛的中國人在倫敦這個大都市裡逗留一段時間之後，還想去訪問巴黎。

　　上文中有幾點值得注意：

1. 這位名叫「鍾阿泰」的中國人來自廣州，而徐榮村是道地的上海商人。

2. 倫敦世博會是於1851年5月1日開幕的，維多利亞女王還於5月7日參觀了這屆世博會的中國展廳；而鍾阿泰一家是1851年2月20日才離開香港，8月10日才抵達英國的，身為參展商，他不應該姍姍來遲。

3. 報導中隻字未提徐榮村參展的「榮記湖絲」，雖然參觀世博會是鍾阿泰一家在倫敦的遊覽項目之一，但他們只是在「為殘疾人安排的專場」坐在轎椅裡，被人抬著在水晶宮裡匆匆轉了一圈，甚至都沒有時間去參觀中國展廳。假如是參展商，鍾阿泰本不該帶著三個行動不便的小腳女眷去英國，而且在倫敦參觀世博會時也至少應該關心一下自己的展品。僅根據以上這三點，我們便可以得出結論：鍾阿泰不可能是徐榮村。

　　另一個典型的例子就是「耆英號」平底帆船及其名義上的主人「廣東老爺希生」。2010年上海承辦了中國首屆世博會，一位最近出土的歷史人物也在網路和主流媒體上迅速竄紅 —— 他就是被譽為「中國世博第一人」的所謂「廣東老爺希生」。後者在1851年倫敦首屆世博會開幕式上的亮相甚至令有的作者宣稱：「西方人對於中國的敬畏之情並沒有減少……希生的形象也充滿著自信和威嚴，說明當時的歐洲仍然把大清視為一個東方大國來對待。」

　　這無疑又是一種嚴重的誤讀。英國《倫敦新聞畫報》上有三篇報導及其插圖可以揭開「希生」這一神祕人物的背景。原來他跟清末一艘名為「耆英號」的大型中式平底帆船遠航英美密切相關。

　　在第一次鴉片戰爭期間，清朝水軍領教了英軍「船堅炮利」的厲害，

於是便在戰後用經過改進的新式兵船逐步更換了在戰爭中被證明是操作笨拙、行駛遲緩的那些舊式兵船。英國方面自然千方百計想要了解這些新式兵船的祕密所在，所以有幾位英國人經過了各種艱難曲折，喬裝打扮混入了廣州城，買通了一位當地的四品官員，以後者的名義買下了一艘相當於最高等級新式兵船的平底帆船，並以迂迴的方式祕密運到了香港。因為大清律法嚴禁將中國船隻售予外國人和擅自出公海，違者問斬。英國人的最終目的是將這艘船運到倫敦東印度公司的碼頭進行拆解，以了解它的內部構造，並找出它的致命弱點。

「耆英號」的載重量在 700 噸至 800 噸之間，船體長 160 英尺，寬 33 英尺，船艙深度為 16 英尺。它是用最好的楠木建造的；其船板是靠楔子和榫頭來固定，而非用肋骨將它們釘在一起的。船上有三根用鐵木製成的桅杆，主桅杆是一根巨大的木柱，高達 90 英尺，木柱底部與甲板連接處的周長有 10 英尺。船上的帆用的是厚實的編席，用一根粗大的、籐條編織成的繩子來升降，主帆幾乎重達 9 噸。船上攜帶三個巨大的船錨，船舵重達 7 噸以上，可以由位於艉樓上的兩個軲轆隨時吊起來。該船兩側的船舷上各有十個方形的窗口，那是該船配置 20 門重型火炮的炮眼。相形之下，舊式兵船隻配置了 12 門火炮，而且從炮眼的形狀大小來判斷，後者所配置火炮的口徑要小得多。

1846 年 12 月 6 日上午，「耆英號」在歡送的禮炮中從香港出發，駛向公海。船上有 30 名中國人和 12 名英國人，還有名義上身為船主的那位前清四品官員。這位字號為「希生」的「廣東老爺」後來在 1851 年的倫敦世博會開幕式上被奉為上賓，並且在目前國內眾多介紹世博會歷史的文章和論著中被吹捧為中國形象的代表，但是從嚴格意義上來說，他只不過是一位為了個人的蠅頭小利而出賣國家重大機密的貪官和漢奸。

因忽視文字報導而造成誤讀圖像的第三個例子就是《維多利亞時代的中國圖像》一書的編者在介紹辛普森〈北京見聞〉（《倫敦新聞畫報》1973 年 3 月 22 日，264 頁）的前兩張速寫插圖時將置於北京孔廟院內的石鼓和

譯序

國子監內所藏的十三經漢白玉碑林分別解釋為「北京寺院裡的鐫詩石」和「北京房山雲居寺所在的石經」；而辛普森在文字報導中其實已經明白無誤地說明石鼓位於北京孔廟（the Confucian Temple at Pekin），十三經碑林藏於國子監（the Hall of Classics）。而且他還特別說明，孔廟位於國子監的東面，兩個院子是相互毗鄰的。

清軍的舊式兵船在第一次鴉片戰爭中被證明操作笨拙，行駛遲緩

「耆英號」是一艘相當於最高等級的清軍水師新式兵船中的中式平底帆船

　　追根究底，忽視文字報導主要還是因為閱讀和翻譯《倫敦新聞畫報》中的中國報導對於一般人來說還具有相當的難度。只是英語基礎好，並不能保證可以正確地理解和翻譯這些文字報導。要做到這一點，還必須具有廣博的中國近現代歷史和人文地理知識。但是在現實生活中，往往英語基礎好的人，歷史和人文地理知識會缺乏；而專門研究歷史和人文地理的人，則往往英語程度有所欠缺。下面還是以2008年出版的《維多利亞時代的中國圖像》一書為例，來看一下比較常見的幾種誤讀和誤譯。

　　第一種情況是對於英語詞彙不同含義的理解不夠準確。有些英語單字可以分別用作名詞、動詞或形容詞，其意義會有所變化。即使是同一個名詞，也可以有很不相同的意思，尤其是在跟其他單字進行搭配的時候。在關於第二次鴉片戰爭的文字報導中，"military train" 這個詞組頻頻出現，在上述那本書裡它被分別譯作「軍事行動」（第137頁）、「軍訓」（第141頁）和「軍訓人員」（第152頁），但這些譯法都是不準確的。"train" 這個英語

單字作為動詞的意思是「訓練」，作為名詞有「列車」、「行列」、「系列」等意思。但是在第二次鴉片戰爭的語境中，"military train" 這個詞組則是指「軍事輜重隊」，即由中國苦力所組成、專門負責給英軍運送彈藥和糧草等補給的半軍事化組織。

在該書第 233 頁，1863 年 2 月 7 日一篇報導的英語標題 "The Civil War in China: Expedition of Imperialists, headed by British Officers, to Fungwha" 被譯作「中國內戰：英國官員率領的帝國主義者遠征奉化」。這個標題讀起來似乎有點自相矛盾：既然是英國官員率領帝國主義者遠征奉化，那就應該是公然的侵略，怎麼還能說是內戰呢？原來譯者誤譯了原標題中的兩個單字："imperialists" 在這裡是指「清軍」；"officers" 不是指文職「官員」，而是指「軍官們」。原來在 19 世紀中期，清廷為了抵禦太平軍的進攻，專門組織了一支由外國軍官華爾指揮的漢人洋槍隊，又稱常勝軍。所以正確的譯法應該是「中國內戰：英國軍官們指揮的清軍遠征奉化」。

類似的錯誤還有第 142 頁的標題「廣州第二橋司令部」，這個標題中文文理不通。究其原因，是編者將原文標題中的 "brigade"（旅）誤拼成了 "bridge"（橋），所以正確的譯法應該是「廣州的英軍第二步兵旅司令部」；在第 296 頁中，"minister" 一詞被分別譯作「大臣」和「政府部長」、「部長」，但是正確的譯法應該是「公使」；第 328 頁上的 "torpedo" 被誤譯成「水雷」，實際上應為「魚雷」；第 331 頁上的英語標題 "On Board An Opium Hulk in Shanghai" 被誤譯為「在上海一條鴉片船甲板上」，而插圖所表現的畫面是船艙裡的情景，"On board" 是指「在船上」，而非「在甲板上」。

第二類誤譯跟中國近現代史知識有關。例如第 244 頁上的英語標題 "Entrance to Ching-wang's Palace, Soo-chow" 應譯為「蘇州勤王府大門」，而非「蘇州敬王府入口」；第 85 頁的英語標題 "Mr. Consul Parkes Bidding Adieu to the Old Co-hang Mandarins" 應譯為「英國領事巴夏禮先生向老行商們告別」，而非「英國領事派克斯先生會見老公行官員」；第 258 頁上的 "Sir Rutherford Alcock" 應譯為「阿禮國爵士」，而非「阿爾柯克爵士」。

譯序

　　第三類誤譯跟人文地理知識相關。例如北京城原來可以分為四個不同的城區：外城（Chinese City）、內城（Tartar City）、皇城（Imperial City）和紫禁城（Forbidden City）。所以第 212 頁上的「韃靼地區」應譯為「內城」；第 228 頁上的「帝國都城」應譯為「皇城」；第 263 頁上的 "Bride's Palace" 應譯為「公主府」，而非「皇后宮殿」；第 316 頁和第 335 頁上的「福州停泊地之塔」應譯為「福州羅星塔」；第 83 頁的「阿儂霍伊·虎門要塞」（the Anunghoy Bogue Forts）應譯為「虎門亞娘鞋島炮臺」；第 134 頁上的「北灣東」（North Wantong）應譯為「上橫檔炮臺」。

　　在過去十年的研究和翻譯《倫敦新聞畫報》中國報導的過程中，我曾經得到過許多人的幫助，有的人我還能夠記得起名字，但更多的人我並不知道或記不住他們的名字。

　　在此我一併向大家表示衷心的感謝！

1861

THE ILLUSTRATED
LONDON NEWS

英中和約
(The Peace with China)

Jan. 5, 1861

《倫敦新聞畫報》第 38 卷，第 1068 號
1861 年 1 月 5 日，12 ～ 13、20 ～ 21 頁

北京的安定門

　　本報記者對英法聯軍所占領的北京城門做了以下的報導，我們為此提供了插圖：

　　用「門」這個詞來描述上面這個結構複雜的建築顯然是遠遠不夠的。當你走近高達 40 英尺的厚實城牆（之後你將會發現城樓頂部竟厚達 45 英尺），並穿過護城河（過去可能有水，但現在已經乾涸）上的一座石橋時，你就會來到一個堪稱「半圓形棱堡」的甕城建築前，因為它有一個稜角分明的正方形城樓，裡面分為好幾層樓，外面的牆上密密麻麻地排列著 4 排槍眼，每一排都分別有 12 個槍眼。再往上就是一個寶塔上所特有的那種大屋簷的樓頂，我們對屋頂上那些像柳枝般排列整齊的琉璃瓦已經十分熟悉。從左邊沿著半圓形的外城牆走，你就會來到一個頂部呈圓拱形的城門，這就是安定門外城樓的第一道城門。穿過這道門，來到甕城內部之後，你就會看到城牆上的另一個圓拱門，正對著前面所提到的外城樓，這就是安定門內城樓的第二道城門。這個門上面的城樓跟剛才描述過的外城樓形狀十分相似，它的作用更多是裝飾性的，而非實用性的。因為城樓的牆上沒有槍眼，而且在從樓頂離地面約一半高度的地方有一排陽臺。我沿著一個年久失修，搖搖欲墜的木製樓梯登上那個陽臺之後，首次（也是最後一次）看到了北京的全貌，因為外國人是被嚴禁進入這最後一道城門的。

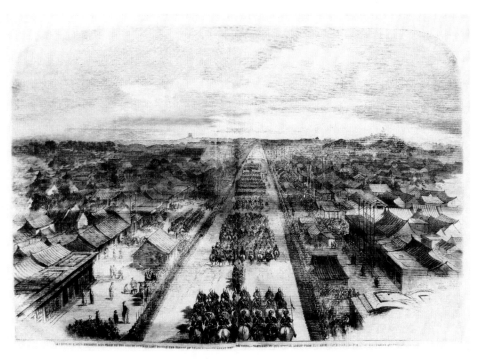

去年 10 月 24 日，額爾金伯爵進京簽署英中和約 —— 根據本報特派畫家
從安定門上所畫的速寫繪製

被英法聯軍奪取的北京城門 —— 安定門（根據本報特派畫家的速寫繪製）

1861

北京的街景

北京的街景：一大群天朝子民在圍觀「蠻夷」

上述記者接著寫道：

從安定門城樓上望北京，正對著你的是一條南北朝向的寬闊大街，另外還有些類似的街道呈直角與其交叉。在城樓前的一個十字街口密密麻麻地站著一大群驚訝不已的北京居民，張口咋舌，瞪大眼睛注視著站在城門前的歐洲士兵，那神情就像是特洛伊人看著希臘人留下的木馬被拖進了堅不可摧的特洛伊城牆之內。要把這些驚訝而好奇的人擋在適當的距離之外，對那些站崗的哨兵來說不是一件容易的事。儘管整體來說中國人對歐洲人心存疑懼，但還是有幾個勇於冒險的小販隨身攜帶著雞鴨、水果和蜜餞走上前來，向站崗的哨兵兜攬生意。城門前還豎著兩塊牌子，上面貼著告示，宣稱英法聯軍所做的一切都是完全正義的。有幾位《京報》的記者手拿紙筆，正在抄寫告示的內容（上述情景已被本報特派中國的畫家在插圖中記錄了下來）。放眼望去，這條主要街道上近處的商店似乎門面較小，顯得不是太重要，其他的房子也是同樣如此。從城牆上望下去，我驚訝地發現周圍

幾乎看不到高大的建築，甚至連寶塔都沒有。我原來還以為城裡到處都是寶塔呢。有人告訴我，我們現在所在的北京內城旗人居住地區在這方面比城南漢人居住的地區要遜色許多。住在那裡的居民恐怕早就會敞開家門來歡迎我們，如果英軍駐紮在那個地區的話，他們還會主動向我們提供物資。我現在所站的地方還不夠高，所以我看不到將內城與外城隔開的城牆。但是我可以清楚地看到整個北面的城牆和部分東、西面的城牆。每一邊的城牆都大約有 4 英里長，而且每一邊都有類似我所站上的那種城樓。

額爾金伯爵進京簽署英中和約

從北京的軍營裡發來了一些有趣而重要的信件。信中還附了《每日新聞》（Daily News）記者所寫報導的選段，其中有部分內容跟本期的插圖有關，該圖呈現額爾金勳爵於 10 月 24 日進京的隆重儀式，其目的是為了簽署英中和約。

戰俘們的命運

對所有關注在中國所發生事件的英國人來說，最重要的無疑是於 9 月 18 日落入中國人之手的那些不幸戰俘的命運，因此任何與此有關的進一步細節報導都將會受到讀者們的歡迎。

你們都會記住，所有曾經被關押在北京城裡的戰俘都於 10 月 8 日被轉交到了英軍的營地。這些戰俘包括羅亨利（H. B. Loch）先生、巴夏禮（H. S. Parkes）先生、5 位法國人和一位錫克族騎兵。在這些戰俘中沒有人死亡，而且他們所受到的待遇並不像其他戰俘所經受的那麼不人道。除了炮兵軍需司令助理副官布拉巴宗上尉和法軍中文翻譯德呂克教士之外，所有的戰俘現在都已經查到了下落。以下便是對於他們的境遇和命運的報導。

除了被關押在北京的那些人以及上述還沒有找到下落的兩個人之

外，其他的戰俘都是先被押解到北京，然後又被轉到皇帝的夏宮[1]圓明園，住在臨時搭起來的帳篷裡，歐洲人與本地人住在不同的帳篷。至此，他們仍然被容許保留他們的馬，也沒有受到任何虐待。他們在被俘的同時就已經被解除了武裝。他們當時並沒有顯得非常擔心，恰恰相反，他們都以為自己在那裡不會待得很久，很快就能歸隊。然而在到達圓明園之後不久，他們被一個個地押出了帳篷，撤倒在地上，雙手反捆在背後，雙腳也被縛在一起，然後被扔到了馬車上，趁著夜色押往北京西北部的山區。根據生還的戰俘估計，他們在那天晚上經過的路程約有 40 英里。要把隨後的事情講清楚，我們最好把那些戰俘分成共同關押在一起的幾個小組，以及根據我們所知道的情況，分別來敘述這幾組戰俘的命運。第一組戰俘包括德諾曼先生、費恩騎兵團副官安德森中尉以及 6 名印度騎兵。他們被關押在同一個監獄裡。從生還者的描述來判斷，可憐的安德森似乎是在被捕的第 9 天首先喪命的。值得慶幸的是，他在臨死前 4 天就已經不省人事了。兩天以後，一名傳令騎兵也死了。過了 6 天，德諾曼先生也命喪黃泉。其餘 4 名印度騎兵活了下來，並於 10 月 12 日被送到了英軍的營地，他們肯定是受盡了罪，部分原因是給他們吃的食品很少，但主要則是因為他們的手腕被縛得太緊了，結果造成血液循環的中斷，最終導致壞死，幾名死者均是這個原因。

第二組戰俘是 3 位法國人和 5 名傳令騎兵。他們中間的兩位法國人和一名傳令騎兵先後被折磨而死，餘下的也於 10 月 12 日被送到了英軍的營地。跟他們一起送來的還有 6 具棺材，它們分別用來裝殮前兩組戰俘中死亡的德諾曼、安德森、2 位法國人以及 2 名印度騎兵的屍體。

第三組戰俘包括《泰晤士報》記者鮑爾比、皇家龍騎兵菲利普斯下士、一位法國人和 4 名傳令騎兵。這組中只有 2 名印度騎兵活了下來。

---

1 圓明園和頤和園都曾被外國稱為「夏宮」。

據他們所說，鮑爾比先生死得最早，而那位龍騎兵是最後死的。他們所講述有關那位龍騎兵的故事感人至深。那位龍騎兵身強力壯，性格開朗，而且會說一點印地語，可以跟他們進行交談。直到生命的最後一刻，他都沒有喪失信心，甚至臨死之前還在鼓勵同伴們，告訴他們要保持勇氣，因為援兵很快就會到達。對於這位品格高尚的士兵，我們不由得肅然起敬。雖然他的軍銜只是個下士，然而他卻具有一個英雄的靈魂。英格蘭為擁有這樣的兒子而感到驕傲。10 月 16 日，這位英雄士兵的屍體跟鮑爾比先生、那位法國人和 2 名印度騎兵的屍體一起被送到了英軍的營地。

最後一組戰俘包括 3 位法國人和 4 名印度騎兵。對於他們的遭遇，我們只知道在 10 月 17 日那天，他們的 7 具棺材由中國苦力們抬到了英軍的司令部。這給上述戰俘的悲慘命運打上了一個句號。到 18 日為止，落入敵軍手中的全部戰俘人數總共為 6 名英國紳士、一名龍騎兵、13 名法國人和 19 名印度騎兵。在這些人當中，有一名英國軍官和一名法國教士仍然下落不明。有 2 位英國紳士，羅亨利先生和巴夏禮先生，6 名法國人和 11 名印度騎兵得以生還，而餘下的 3 位紳士、一位龍騎兵、6 名法國人和 8 名印度騎兵是躺在棺材裡被抬回英軍營地的。至於布拉巴宗上尉和德呂克教士的命運，至今沒有得到任何線索。從別人的證詞來看，當 9 月 20 日英法聯軍直逼北京城下時，這兩個人曾被清軍押送回來，向聯軍首腦傳遞有關釋放所有戰俘條件的某個消息。但他們根本就沒有遇見聯軍，如果仍然期望他們還活著，對他們的朋友來說是非常殘酷的。因為他們要經過的鄉間到處都是僧格林沁手下的清軍，他們很可能是落入了某些遊兵散勇的手中，並被當場殺死。中國當局已經交還了所有其他死亡或活著的戰俘，並且表示對這兩個人的下落一無所知。至少在這一點上，我們沒有理由懷疑他們在撒謊。

1861

被害戰俘的葬禮

所有被送回來的屍體都已經腐爛，他們的臉已經無法辨認，除了身上所穿的衣服。那些衣服顯然無論在生前，還是在死後，都不曾脫下來過。安德森中尉、菲利普斯下士、德諾曼先生和鮑爾比先生的葬禮於 10 月 17 日舉行。俄國駐北京公使伊格那提耶夫將軍仁慈地允許讓這些屍體埋葬在俄國人公墓中，這是位於北京的北城牆之外一個風景如畫的地方，陵園的四周都有石牆圍繞，院落內種滿了冷杉和柳樹。這些屍體分別被裝在 4 輛炮車上，由一隊英軍龍騎兵和費恩的騎兵護送。從英法聯軍的每一個團中抽出一名軍官和 20 名士兵，組成了送葬的隊伍。額爾金勳爵和克蘭忒爵士走在送葬隊列的前面。許多英、法軍官，包括法軍總司令，都參加了葬禮。我們以隆重的儀式埋葬了他們。天氣非常寒冷且陰沉，呼嘯的北風從白雪皚皚的燕山上席捲而來。這跟葬禮的氣氛十分相符，因為這些不幸的人在悽慘中結束了他們的生命。如果在一個溫暖而充滿陽光的日子裡，當整個大自然都充滿了微笑，四周一片祥和寧靜時，很難想像我們將他們入葬會是一種什麼樣的感受。可憐的傢伙！他們將長眠於此，就像是躺在各自教區的教堂墓地裡，然而當他們的朋友們想到他們孤零零地躺在一個那麼偏遠的地方，心裡又會增加一絲悲愴。

為戰俘的命運所進行的報復—火燒圓明園

戰俘的情況已經基本明了，對他們的虐待是從皇帝的夏宮圓明園開始的，因此英法聯軍決心要一把火燒掉圓明園，以這種具體的方式來對中國的背信棄義和殘暴表示報復和憎惡。所以，在 17 日那天，英法聯軍在北京張貼了一個通告，向北京人民解釋他們要採取報復行為的動機。第二天，米歇爾將軍手下的那個師便向圓明園出發。那天早上，圓明園湖邊的景色非常優美。那個湖的周長約有 5 英里。它的北岸是一片樹林，在樹叢中不時可以看到一座造型優雅的寶塔，或是

風格奇特的寺廟。在這些樹叢的上面，高聳著一幢莊嚴雄偉的樓閣，它的基座是用花崗岩築成的，但上半部分卻是用立柱支撐的木結構建築。它高聳入雲，幾英里之外都顯得非常醒目。在湖的另一邊是一座典雅的石拱橋，連接湖中的一個小島，島上的樹蔭叢中有一座雕梁畫棟的涼亭倒映在平靜的湖面上。在湖的西北面有一群小山丘，那上面寺廟林立。遠處是峰巒起伏的群山，有的山上還堆積著白雪，它們成為一種雄奇的背景，更加襯托出夏宮的嫵媚。英法聯軍分散成一個個小組，紛紛前往圓明園的各個角落，去執行這項特別的任務。到了下午2點，園內風景突變。從圓明園的每個部分和每個方向都冒出了滾滾的濃煙。風助火勢，不一會兒就從濃煙中躥出了明亮的火苗，園內的宮殿、寺廟和亭臺樓閣都陷入火海之中。最引人注目的就是上面提到過的那個建在高處，俯瞰全園的高大樓閣。它聳立在高高的花崗石臺階之上，四周被熊熊的烈焰所包圍，看上去就像是某個處於火海之中的巨型祭壇 —— 對我們被害的同胞來說，正好是一個恰如其分的火葬柴堆。整個夜晚，濃煙和火焰都直衝雲霄，遮蔽了天空和星星。直至今日，報復行動仍在繼續。圓明園內的建築眾多，而且散布在很大的範圍內，因此要把它們全都點火燒掉是一項非常艱巨的任務。今天晚上，英法聯軍將要返回軍營。人們希望從昨天晌午便開始籠罩北京上空的巨大濃煙柱將會清楚明白的警告中國當局，拒絕滿足我們的要求將會是多麼危險和愚蠢。圓明園被燒毀對清王朝來說肯定是一個沉重的打擊。它打破了皇帝至高無上的權威，以一種粗暴的方式驅散了人們心目中總是環繞在皇帝頭上的那個光環。人們還目睹了與日月同輝的天子最喜愛的夏宮被洗劫和焚燒，而皇帝本人則逃往了遠處的深山，無力保護它，甚至不能做出任何努力來改變它的命運。火燒圓明園所造成的損失是不能夠用金錢來衡量的。金銀財寶與無法用金錢買到的中國藝術極品都是世代的積累。有關清王朝最珍貴的祕史、神聖的祖宗牌位等全都毀於一旦，再也不能彌補。園內只剩下了遍地狼藉，堅實而無法摧毀的巨石、漢白玉拱頂和門洞，以及過於沉重無法

搬走的青銅製品。它們將留下來告訴未來的人們這裡曾經有過一個美輪美奐的宮殿,它們也永久記載了英法聯軍對外國人所施加的報復。

簽訂和約的儀式

額爾金坐轎子進入北京

　　10 月 24 日,中英雙方互換了《天津條約》的簽署認可,並且在北京城內簽訂了一個和約。額爾金勳爵以十分隆重的方式進入了北京城。隨行的隊伍在下午 2 點時離開了城外的大喇嘛寺。勳爵按照中國高官的出行方式坐在轎子裡,後面跟隨的是騎在馬上的英軍指揮官、英軍參謀部成員以及英國特使團的祕書和隨員們,還有來自英軍各個部隊和部門的一些軍官。儀仗隊是由 400 名英國和土著步兵、100 名手持管樂器和旌旗的騎兵所組成。進入安定門之後,這個隊伍沿著一

條寬闊的街道朝著城市的南部走去，在穿越了整個城市之後，來到了位於皇宮和把內外城隔開的前門之間，看上去並不怎麼起眼的禮部大堂。《泰晤士報》記者這樣描述從安定門前往禮部大堂的隊伍行列：「24日的上午，額爾金勳爵與克蘭忠爵士在北京英軍各團的 600 名士兵和 100 名軍官的護送下進入了安定門。英軍總司令跟他的司令部和參謀部成員騎馬走在額爾金勳爵的前面，後者坐在一頂由 16 個中國人抬的轎子裡。轎夫們穿著由額爾金勳爵規定的衣服。由羅伯特·內皮爾爵士指揮的第 2 步兵師的士兵排列在街道的兩旁，在額爾金勳爵經過之後，他們隔著一段距離跟隨在後面，同時占領了沿街兩旁的所有策略要地，以防中方的伏擊。有相當多的人聚集在街道兩旁。他們非常守秩序，對於瞥上一眼『大蠻夷』顯示出了極大的好奇心，在額爾金勳爵的轎子經過時都想窺視一下坐在轎子裡的他。在到達禮部大堂門口時，這個隊伍停了下來，一支由 100 名士兵組成的衛隊走進了大門，在裡面的院子裡列隊站好。然後，額爾金勳爵的轎子被抬了進去，克蘭忠爵士騎著馬跟在後面，所有其他的軍官都是步行進入禮部大堂的。當英國特使從轎子裡出來時，衛隊的士兵們都舉起了武器，以示致敬，樂隊奏起了〈上帝保佑女王〉。」

和約簽訂儀式是在一個面朝院子的大堂裡舉行的。用木製斗拱支撐，並且飾有精美圖畫的屋頂跟周圍低矮和積滿灰塵的牆壁顯得極不相稱。人們確實做了一些努力，對這個大堂進行了一些裝飾。在大堂的一端，正對著大門，有一個用紅布蓋著的，略比地面高一點的講臺。在大堂中央，靠近後牆的地方，擺著一張桌子，以供文書們放置文件用。在這張桌子的左右兩旁還放著另外兩張桌子，一張是給代表咸豐皇帝的恭親王的，另一張就是給英國特使的。大堂的兩邊還放著兩排桌子，一排是給清廷高官的，另一排則是給英軍高級軍官們的。在額爾金的左面還專門給英軍司令擺了一張桌子。所有的桌子上蓋有紅布，桌布上還裝飾有一些刺繡的圖案。還有幾個俗麗的燈籠以中國

1861

的方式從屋頂掛下來。英國特使在進門時受到了恭親王的歡迎，後者按照預定的禮節向他表示問候，額爾金勛爵也鞠躬回禮，脫下了無邊三角帽，隨後又戴上了，並且在整個簽訂和約的過程中都戴著它，這是入鄉隨俗，按照中國人的禮節。接著大人物們紛紛入席、上茶，茶杯就放在桌上。恭親王相貌堂堂，年紀看上去在 25 到 30 歲之間。他的神色非常憂鬱，偶爾還會皺一下眉頭，給人的第一印象並不是太好。他穿著深藍色並有白貂毛飾邊的長袍，下襬垂到了他的膝蓋之下，在長袍的胸前、背後和肩膀上用金色和彩色的絲線刺繡出面目猙獰的所謂「蛟龍」圖案。他身旁圍著一大群官員，其中有些人身上並不是太乾淨，穿著跟他有點類似，只是肩膀上沒有刺繡圖案，而且是用鳥類和動物的圖案取代了蛟龍的圖案。所有的人都穿著黑色的緞靴，有的人脖子上還掛著琥珀、珊瑚或木雕的念珠。他們的圓氈帽頂上都有表示身分的頂戴，最高一等的是據說是紅珊瑚石，最低一等的只是一個黃銅製的頂球。簽訂儀式的一開始是雙方確認對方是否具有「全權」，雙方都感到滿意之後，就各自拿出和約的中文和英文文本，並以極其隆重的方式在上面簽字和蓋章，在場的所有人都顯然對此過程感到滿意，只有一位運氣不好的隨員被封蠟燙傷了手指。這個項目完成之後有一個插曲，那位技藝高超、性情開朗的貝阿托先生給英國特使拍了一張正在和約上簽字的照片。接著雙方拿出並交換了已經被兩國政府所批准的《天津條約》。蓋上了英王玉璽的英方條約，在拿來交換存放在一個銀飾帶繫住的銀匣子裡，然後又用一塊黃色綢緞仔細包裹的中方條約文本時，實在顯得有點寒酸。互換條約文本一事結束以後，又拍了一張照片。天色已暗，而且很冷，是該走的時候了。沒有進行討論，也沒有必要，所有的準備工作都已經預先完成了。所以轎子又抬到了禮部大堂門口，英國特使和恭親王相互道別，樂隊又奏起了〈上帝保佑女王〉，衛隊致持槍禮，英方的隊伍行列又重新排列起來，沿著來時的路，穿過城市，朝著兵營的方向走去。英國炮兵在北城牆上鳴炮 21 響，於是第三次，希望也是最後一次，中國戰爭就這樣

結束了。

對圓明園的劫掠

法軍攻占圓明園之後所傳來的最初消息是法軍士兵在園內進行了搶劫。然而，法軍將領的說法卻與此截然不同。在寫給法國政府的報告中，德蒙道班將軍這樣寫道：

首次訪問圓明園時，我很想讓我們的英國盟軍也在場，因為我認為那裡一定有很多的財寶。在走過了幾個裝飾得極為華麗的房間之後，我便在每個地方都布置了哨兵，並且選派了兩位炮兵軍官，讓他們負責不讓任何人進入圓明園，直至克蘭忒將軍到來之前，所有的東西都必須保持在原位。法特爾旅長立即派人去請克蘭忒將軍。

英軍軍官們到來之後，我們商量了該如何處置這些財寶，雙方各自指派了 3 名軍官來挑選那些價值連城的古董，以便能夠平均地進行分配。要想把所有的財寶全部搬走是完全不可能的，因為我們的運輸工具十分有限。

經過進一步的搜尋，我們很快就發現了大約價值 50 萬法郎的金銀元寶。上述指派的軍官們也把它們平均分成了 2 份，這樣我們的士兵平均每人可以分到 80 法郎。法軍中戰利品的分配是由一個委員會來決定的，而委員會的成員由各支部隊和各個部門的負責人所組成，並由雅敏將軍主持。以法軍名義所組成的這個委員會宣稱將把從圓明園得到的所有罕見寶物贈送給法國皇帝、皇后和皇太子作為禮物。

法軍官兵一致同意對國家元首的捐贈，後者可以將此視為士兵們對於被派遣到這個最遙遠國家進行遠征而表示的感激。

就在兩軍進行平均分配時，我以法國皇帝的名義懇請額爾金勛爵先為英國女王挑選禮物。

額爾金勛爵挑選了一個中國皇帝的權杖，這是由一塊用黃金裝飾

的無價綠玉製成的。另一根完全相同的權杖被找到之後，額爾金決定應該把它留給法國皇帝。就這樣，從雙方挑選的第一件物品起就做到了完全公平。

　　我無法用語言向您描述，馬里夏爾先生，圓明園內眾多建築的金碧輝煌，那裡有一連串的寶塔，每個寶塔之內都有用黃金、白銀和青銅製成的巨大菩薩。一個由青銅製成的佛像高達約 70 英尺。花園、湖泊，還有漢白玉建築內長達數世紀收集的古董，屋頂上的彩色琉璃瓦在陽光下閃閃發光。此外還要加上景色如畫的自然風光。所有這一切都遠遠不足以將我們的親眼所見傳達給閣下。

　　在圓明園內的每一座寶塔不僅有幾個這樣的物品，而且是裝有無數物品的儲藏室。謹向您提及一個事實：這裡到處是品質最精美的絲綢，我們將贈送給皇帝陛下的所有禮物都用絲綢包裹起來了。

THE ILLUSTRATED LONDON NEWS

羅亨利先生
(Mr. Henry Brougham Loch)

1861
《倫敦新聞畫報》第 38 卷，第 1069 號
1861 年 1 月 12 日，32 頁

　　羅亨利先生最近從中國帶回了中英和約的官方文本急件，引起公眾的廣泛注意，因而成為本期中一張插圖的主角。這位紳士是英國皇家海軍上將羅赫的兒子。他的兄弟中有一位曾經擔任東印度公司的理事，另一位兄弟則是該公司的高級職員。據我們所知，羅亨利先生本人以前是孟加拉騎兵部隊中的軍官，但現已從騎兵部隊退役。他被選中為額爾金勛爵在中國的私人祕書，這個職位在勛爵閣下以前的外交使命中是由俄理範先生來擔

任的。

在華的俄國人

《聖彼得堡日報》的一位記者於去年 11 月 30 日在伊爾庫次克發出一篇報導，對於俄國特使伊格那提耶夫將軍在最近的北京談判中所發揮的作用進行了如下的描述。在談到英法聯軍的勝利和清軍的失敗之後，這位俄國記者這樣寫道：

> 與此同時，俄國的全權特使伊格那提耶夫將軍離開天津，前去會晤了英法聯軍的首腦們。他們雖然駐紮得離北京很近，但還沒有就是否要強行進入這個人口眾多的城市一事做出最後決定。他們在 10 月 1 日之前向中國人發出通牒，威脅中方如果不同意聯軍提出的條件，就要炮轟北京城。伊格那提耶夫將軍在地圖上向他們指出了俄國使館的所在地，並且得到了它不會受到炮擊的保證。同時他還得到了聯軍的允許，讓巴魯澤克上校安全地進入被圍困的北京城，前去了解俄國公使館在北京被圍之後的情況。

> 上校發現俄國公使館全體成員的健康狀況良好，並將這一事實通報給了伊格那提耶夫將軍。期間伊格那提耶夫將軍收到了皇帝的兄弟和攝政王所信任的一些高官的來信，他們以中俄之間存在 200 多年友誼的名義，懇請俄國的全權特使充當中國人與英法聯軍之間的

HENRY LOCH, ESQ., SECRETARY TO THE EARL OF ELGIN.—FROM A PHOTOGRAPH BY JOHN WATKINS.

羅亨利先生，額爾金伯爵的祕書—根據約翰·沃特金斯的照片繪製

調解人，以拯救中國於滅亡。

在得知中國人傾向於和平談判之後，英法聯軍向俄國全權特使的代表做出讓步，同意不強行進入北京城，不再焚燒已經遭到洗劫的夏宮以及將軍隊在北京的城牆之外安營紮寨，同時將大炮瞄準了城內的目標。伊格那提耶夫於十月初率領隨從的 14 名哥薩克騎兵進入北京城內的俄國公使館。清廷所由於俄國全權大使的努力調停，英國大使終於在 10 月 12 日進入北京城，在總理衙門受到了隆重的接待，並於離開之前簽署了和平條約，而且締結了一個附加的協議。

當和約簽署之後，伊格那提耶夫將軍宴請了法國和英國的全權特使及其隨員。在宴會上一位來自西伯利亞的信使不期而至，使得我們的客人十分驚詫，尤其是當他們得知從西伯利亞到北京只需要 14 天的路程時。

TARTAR OUTPOST NEAR PEKIN, FROM A SKETCH BY OUR SPECIAL ARTIST.

北京附近的清軍前哨隊伍

中國的家庭生活
(Domestic Life in China)

1861

《倫敦新聞畫報》第 38 卷，第 1070 號
1861 年 1 月 12 日，44 ～ 45 頁

由於「特派畫家」和「本報記者」的不懈努力，中國禮儀和習俗中許多過去我們不明白的事物現在已經被釐清。下面我們提供 6 幅反映中國家庭成員和生活的版畫插圖，它們是詳實地根據照片繪製下來的。

中國的家庭生活之一

1861

第一幅插圖描繪幾位在做針線活的婦女：坐在前面的那位老婦人正在縫褶邊，而左邊那位年輕女子在納一雙小女孩的鞋底，後面那兩位小女孩正在編織細長的絲綢穗帶。

在第二幅插圖中，有幾位滿族男子正在下棋，有點像廣東巡撫在他花園裡所下的那種跳棋。

中國的家庭生活之二

第三幅插圖畫的是客廳內部的場景，那裡坐著一位清朝官員的家眷，旁邊還站著一些奴僕。

中國的家庭生活之三

　　第四幅所描繪的是幾位貴婦人，每位已婚女子的背後都站著侍女或僕人。插圖右邊那位年輕女子尚未結婚，這可以從她仍然梳一根辮子上看出來——在出嫁時，女子的頭髮就會被綰起，盤在頭頂。那些侍女都是奴婢，手持扇子在給各自的女主人搧涼。

中國的家庭生活之四

　　第五幅插圖顯示一群貴婦和客人們坐在桌旁喝茶和吃糖果。桌子上的那個盒子分有不同的格子，每個格子裡都放著不同的糖果。圖中央的那個老婦人手裡拿著筷子，以便給客人們分糖果；坐在右邊的那位婦人正要去抽一口在小婢女手裡拿著並剛剛用火點著的水煙筒。客人們一到馬上就會上茶。過一會兒，女主人便會開始分糖果、添新茶。之後，每個貴婦的婢女就會給自己的女主人遞水煙筒。左邊的那位姑娘不是婢女，而是客人。婢女們的裝束一成不變，跟插圖中（右邊）那位小姑娘一樣。

中國的家庭生活之五

1861

最後一張速寫描繪一組婦人在迎接一位客人，其中一位婦人上前向客人作揖。在作揖時，主客雙方都抓住自己的一隻袖子，而且在鞠躬時，還會抖動一下袖子。其他的婦人也逐一上前，行同樣的禮儀。

中國的家庭生活之六

THE ILLUSTRATED
LONDON NEWS

中國的春節
(The China New Year)

1861

《倫敦新聞畫報》第 38 卷，第 1070 號
1861 年 1 月 12 日，45 頁

香港《每日新聞報導》宣稱過年是一個別具一格的中國風俗：

中國人把歡宴、慶祝與實用的目的結合在一起，其方式既有教益，又不失有趣。以廣州的龍宴爲例：它要持續 3 天，而且總是在一年內潮汐最高之時舉行的。節日期間，人們想盡辦法尋歡作樂，而且這也是大家開懷暢飲的機會。在這 3 天裡，不准把任何東西扔進珠江裡，而所有住在城裡、鎮上以及珠江兩岸村莊裡的人都會抓住這個機會儲存大量的飲用水，因爲在別的時候，他們不可能得到如此純淨的水。燈籠節也有其類似的實用目的。在夏天，住在大城鎮和城市裡的人把柴火放在屋頂上，還經常做一些簾子來擋住陽光。當乾燥的風季來臨時，遇上火災就很危險。燈籠節通常是在十月舉行的，到了這時，簾子和柴火就得被取下來，一方面是尊重習俗，另一方面也是爲了給燈籠騰出地方。節日的筵席被認爲是爲了撫慰火神，以避免在乾燥而多風的冬季遭遇火災。

本報特派畫家所描繪的舞龍行列看上去並不令人感到畏懼，因爲舉著龍頭的那個人下半身都顯露在外面。龍的身上蓋著五顏六色的彩布，那龍尾就像貴婦人的衣裙後擺那樣，由一位小男孩舉在手上。那孩子上下跳躍，以造成長長的龍身波動起伏的效果。在經過了一段「新芽路」和吞噬了街上所有的惡鬼之後，這條龍便被交給了一位侍從。於是由手持盾牌、長矛、短刀和三叉戟的兵勇們所表演的一系列節目開始了。在整個表演過程中，一支重騎兵的樂隊不斷地演奏著震耳欲聾的音樂，同時向人群中扔

炮仗，使每個人都開心不已，那些眼睛被炸傷的人除外。表演節目的隊伍行列走到一條街的盡頭時，便拐入了另一條街，舞龍表演周而復始，直到沒有一個惡鬼剩下。下午4點左右，舞龍人回家吃飯，這一天的表演便到此為止。

過年：廣州的龍宴 —— 根據本報特派畫家的速寫繪製

　　本報特派畫家對另一幅插圖〈一位婦女在做過年吃的糕餅〉，做了下述說明：

　　中國人在很多方面都與英國人相似：就像英國人喜歡圓形的葡萄乾布丁那樣，中國人對一種圓形的糕餅也情有獨鍾。在過年的前幾天，朋友們（當然是指婦女）會聚集在一起，互相幫助，來準備製作這種糕餅的原料。這也跟英國婦女準備製作葡萄乾布丁的情形相同。插圖中所畫的那位婦女坐在一個家具極其簡陋的廚房裡。那裡沒有煙囪，煙是從牆上或屋頂的一個洞 —— 一般說來是從牆上的那個洞 —— 排出去的。牆上掛著一隻風乾的鴨子，旁邊還有模樣怪異的魚乾。

"THE CHINA NEW YEAR": WOMAN PREPARING CAKES.—FROM A SKETCH BY OUR SPECIAL ARTIST.

一位婦女在做過年吃的糕餅 —— 根據本報特派畫家的速寫繪製

北京城內的見聞
(Inside Peking)

1861

《倫敦新聞畫報》第 38 卷，第 1070 號
1861 年 1 月 19 日，47、64 頁

北京，1860 年 11 月 8 日（本報特派畫家兼記者的報導）

對北京的第一印象簡直糟透了，因為根據過去從書上得到的印象，我們對這個城市的期望值實在是太高了，但現在我們又開始越來越喜歡它了。

1861

　　我們最先進入的是北京的內城，內城一般來說店鋪比較少，有許多小型私宅，而且在許多不同的地方都可以看到眾多的樹木，使得那些地方看上去就像是鄉村。

　　現在就讓我們從安定門說起。穿過巨大的城樓之後，首先映入眼簾的是一條寬闊而未鋪設路面的大道，街道兩旁排列著有鍍金裝飾門面的大店鋪，因年代久遠而顯得昏暗骯髒的小店鋪、茶館、私人住宅，一排排的貨攤或貨棚，即在木頭架子上鋪設編席，以供小販們在裡面設攤賣雜貨的地方。還有許多棚子是為貧苦大眾的食攤而設置的，這樣的食攤在北京為數不少。其他的還有一些羊肉店、香腸店和糕餅店。在道路兩旁這些店鋪的附近，還可以看到推著獨輪車賣蔬菜的小販和賣日用品的貨郎，他們一直都在不停地叫賣著各自的商品。這裡可以看到一個賣油炸餅的小販，炸餅的油鍋一直在沸騰不已；那裡可以看到兩個清軍兵勇身穿羊皮襖，左肩上斜挎著火繩槍，在小食攤的桌旁坐了下來。再往前，可以看到一位滿族大娘手裡拿著煙桿，身穿遮蓋住腳踝的長袍，裹著綁腿，放著大腳，正在街上買菜。遠處還有一位叫賣烤番薯的小販，另外還有手裡拿著一串串用麵粉和水做成的芝麻圓餅的小男孩們。這種芝麻圓餅是華北的特產，味道很不錯。有許多粗大的木柱以上翹的角度橫穿過街道，從木柱上掛下來一幅幅用彩紙做成的廣告，裝飾著店鋪的門面。在許多店鋪前還經常能看到一些很高的木柱，支撐著一種裝飾性的牌樓，木製的蠟燭從牌樓上垂掛下來。這裡有許多店鋪是蠟燭店，其他那些門面上裝飾著鍍金蛟龍，直往外伸出一根木柱的店鋪是當鋪。大多數的店鋪上方還有龍頭狀的木柱往外延伸，用以懸掛店鋪的招牌。

　　道路的兩邊都有一條積水的陰溝，人們從溝裡舀水往大道上潑水壓塵。街上不時可以看到一口水井，井的前面往往還會擺一個水槽，馬、騾、驢、駱駝等牲畜就從這種水槽裡飲水。一隊隊的駱駝不斷地從街上經過，它們身上叮咚的鈴鐺聲預示著駱駝隊由遠而近，它們大多數都是用來往城裡運煤的。北京人冬天取暖燒的就是用煤粉和泥混合做成的煤餅。煤

餅既可以放在泥砌的爐灶裡燃燒，也可以在黃銅和鐵製作的爐灶裡燃燒。
它可以燃放出巨大的熱量，但並不釋放濃煙。

北京的居民們在街上觀看英中條約，根據本報特約畫家的速寫繪製

　　街上的馬車絡繹不絕，通常外面都蒙著藍布，馬車上有兩個輪子，但
沒有彈簧，所以走起來會震動得很厲害。人們可以看到許多坐在馬車裡的
中國女性乘客的臉。在另外一些馬車裡坐著肥胖的清朝官員們，他們的消
化系統肯定會因為劇烈的震動而受到很大的影響。還有一些運水的馬車叮
叮噹噹地在街上走。騎著騾子、矮馬和驢子的人們在大街上來來往往，有
時還能見到一位中年女子蹺腿坐在一頭驢子上。

　　當我們往前走了一段路之後，街旁的店鋪變得越來越少，而小房子和
樹變得越來越多。我們就像來到了鄉村，而非北京內城的中心地帶。不久
我們便來到了把內城和外城隔開的南城牆。

　　大道的路況變得極其糟糕，街道越來越狹窄，店鋪則昏暗和破舊不

1861

堪。我們穿過一個木製牌樓之後，向左轉來到了一條從未修建過的石板路，馬車從那裡經過的時候，乘客的骨頭都要被震碎了。在我們面前有一座巨大的城門，道路的兩邊停滿了準備接客的出租馬車，但是北京的出租馬車夫跟他們在歐洲的同行們一樣，都很難對付，說實話兩者不相上下。

我們穿過城門，就進入了北京的外城或南城。一座欄杆上雕刻著獅子的漢白玉橋引導我們穿越了城壕，接著又穿過了一個以青色為主色調的彩色木牌樓，來到一條壯觀而寬闊的道路，路的兩旁都是店鋪，有的店鋪有鍍金的門面，那些門面精雕細琢，宛如用象牙雕刻的名片夾，成千上萬個龍頭上懸掛著無數個店鋪的招牌，招牌的上面還有紅色的矮護牆。這裡看不到樹和私宅，到處都是店鋪，到處都在做生意。假如說這裡的店鋪規模更大的話，那麼這裡的街道也與內城不同，是用碎石鋪路的，而且保持得很乾淨，景色真的很美。然而那些售賣從靴子到羊肉等各種商品的店鋪和流動小販，還有街頭藝人和盲人樂師，令人聯想到一個市集；而外城中央那些泥濘不堪的所謂道路，則使人和牲畜都陷於絕望的境地。

就像廣州那樣，大道兩旁有著無數的狹窄街道，其中有一條是著名的古董街，英軍官兵們將他們多餘的錢都花在了那裡，購買那些可疑的古董和現代的景泰藍工藝品。這條街的附近幾乎全都是用來賣畫的店鋪，在那裡什麼畫都可以買到。有些畫非常奇特，試圖揭示中國家庭生活的祕密。

在古董街上有一個裝飾精美的永久性戲臺，類似英國的音樂咖啡館，戲臺前的樓下、樓上和包廂裡都擺著桌椅，觀眾們在觀看戲劇表演時又吃又喝，還抽香菸。臺上臺下，女角都是用小男孩來扮演的。這是一個很奇妙的地方，中式的樂隊賞心悅目，儘管對西方人來說，這些音樂有些過於刺耳。

在那些狹小街道裡還有很多裘皮店鋪，英軍官兵們的錢在那裡可沒少被騙走，儘管他們中間有些人還以為自己在那裡撿到了大便宜，例如我的一位朋友花了高價在那裡買了一件皮襖，穿了幾天之後便發現自己的手和臉都變黑了，這才大失所望，原來皮毛的顏色是染出來的。大多數店鋪都

會在櫃臺前擺放大桌子和椅子，顧客們在挑選商品時還可以坐下來品嘗名茗。

在城牆內這條大街的兩端各有一個壯麗宏偉的寺院，一個叫做天壇，另一個則是地壇。

對插圖的說明
The Illustrations

本報特約畫家在向我們寄送關於北京俄國人陵園中英法戰俘墳墓的速寫時，說這些戰俘的安葬之處雖然遠離家鄉，但無疑會令他們的朋友們感興趣的。在陵園中又增加了一座墳墓，以安葬湯普森醫生的遺骸，後者是英法聯軍中唯一在北京戰死的一位英軍軍官。俄國駐北京公使伊格那提耶夫將軍仁慈地容許戰俘的屍體葬在俄國人陵園內。那個陵園風景秀麗，被一座石牆所環繞，陵園內種植了冷杉樹和柳樹，牆外則是北京的北城牆。特約畫家還對戰俘們的下葬描述如下：

所有送到俄國人陵園的戰俘屍體都已經深度腐爛，面目全非，只能夠透過戰俘們穿著的服裝來辨認。這些衣服顯然從來沒有被脫下來過，無論是在他們生前或是死後。安德森中尉、菲普斯下士和德諾曼先生，以及鮑爾比等人的葬禮是在 10 月 17 日中午在俄國人陵園內舉行的。這些屍體分別被裝在 4 輛炮車上，由一隊英軍龍騎兵和費恩騎兵團護送。從英法聯軍的每一個團中各抽出一名軍官和 20 名士兵組成了送葬的隊伍。額爾金勛爵和克靈頓爵士走在送葬隊列的前面。有許多英、法軍官們，包括法軍總司令，都參加了葬禮。我們以隆重的儀式埋葬了他們。天氣非常寒冷和陰沉，呼嘯的北風從白雪皚皚的燕山上席捲而來。這似乎跟葬禮的氣氛十分相符，因為這些不幸的人在悽慘中結束了他們的生命。如果在一個溫暖而充滿陽光的日子裡，當整個大自然都充滿了微笑，四周一片祥和寧靜時，很難想像我們將他們入葬將會是一種什麼樣的感受。可憐的傢伙！他們將長眠於此，就像

是躺在各自教區的教堂墓地裡。然而當他們的朋友們想到他們孤零零地躺在一個那麼偏遠的地方，心裡又會增加一絲悲愴。

英中條約的布告貼滿了北京城的大街小巷，到處都有吃驚的本地人聚集在一起觀看這些布告。根據一個消息來源，那些本地人看到皇上居然對洋人們俯首屈尊，簡直不敢相信自己的眼睛。《泰晤士報》記者對於英中條約的頒布方式是這樣報導的：

英中條約是由皇帝簽署，並以中文刊印成布告，向全國各地頒布的。刊印條約的方式很特別。它是先印在薄紙上，然後把紙貼在一塊面積約4平方英尺的木板上，接著又用刀刮去空白部分的紙和木板上的薄膜，只留下浮雕般微微凸起的那些漢字。然後在相隔一英尺處各放置一張面積跟雕版相同的桌子，其中一張桌子上放置8英尺長、4英尺寬，準備印刷的紙，那紙的一半被紙鎮壓住，以防移動；另一半則對折，覆蓋於前一半紙之上。兩個印刷工面對面地站著，先在雕板上抹一層墨汁，然後倆人抓住一張紙的四個角，把這張紙鋪在另一張桌子的雕板上，接著用一個很硬的平刷子在這張紙上刷一遍，使它接受那些漢字的印記。最後那張紙又再次被抓住四個角輕輕揭起，讓它落在兩張桌子的中間。

THE ILLUSTRATED
LONDON NEWS

中國人支付賠款
(Payment by the Chinese of the Indemnity Money)

1861
《倫敦新聞畫報》第 38 卷，第 1071 號
1861 年 1 月 26 日，82 ～ 83 頁

中國人將 20 萬兩白銀送抵英軍司令部，以作為被釋放俘虜和已死俘虜家屬的賠償金 ——
根據特派畫家的速寫繪製

　　由於中國虐待戰俘而導致了條件苛刻、要求賠款的中英和平條約，鑑於好多戰俘已被折磨致死，這些賠款也算不上過於嚴厲。這些見不得人的罪孽當中有些是發生在圓明園，因此那個夏宮已被完全摧毀。克蘭弍爵士為他被謀殺的同胞家屬以及生還戰俘所受到的折磨而向中國強行索取 30 萬兩白銀（約 10 萬英鎊）的戰爭賠款，法軍將領也以同樣的理由向中國索要 20 萬兩白銀的賠款。10 月 15 日，克蘭弍爵士發布通告，敦促清政府為戰俘們支付賠款和簽訂和平條約，否則就要洗劫北京城。清政府迅即對此做出反應，於 22 日支付了賠款，並於 24 日由額爾金勛爵和恭親王二人共同簽署了和約。在支付賠款的同時，中方還送來了恭親王致額爾金勛爵的一個照會，此照會由額爾金的中文祕書威妥瑪先生翻譯如下：

　　欽差大臣恭親王照會。在收到英國特使的急件通告，要求中方支

付 30 萬兩白銀，以補償英國軍官和士兵（被俘後所受折磨和損失）之後，本親王對此表示完全同意，並於今日派遣軍官前往遞交賠款，以保證兩國間良好的相互理解。相信英國特使在悉數收到賠款之後，將會寫一封回信作爲收據。此回信可以交與押送賠款的軍官帶回給恭親王，以示誠信。此照會致額爾金勛爵閣下，咸豐十年九月九日（1860年 10 月 22 日）。

將賠款送往北京郊外不遠的英軍軍糧部門成爲本期前一頁中本報特派畫家一張插圖的題材。

THE ILLUSTRATED
LONDON NEWS

北京的古玩街
(Curiosity Street, Pekin)

1861
《倫敦新聞畫報》第 38 卷，第 1075 號
1861 年 2 月 16 日，142、164 頁

從中國又傳來了令人滿意的消息。中國政府已經支付了第二筆賠款。儘管天津的氣候非常寒冷，但是英軍的健康狀況仍然保持良好。額爾金勛爵直到 12 月 23 日仍未離京前往上海。

1 月 19 日那一期《倫敦新聞畫報》刊登了本報特派記者從中國發回的一封信，對「北京城內」獨特的街頭景色進行了描述。本期有一張根據他現場速寫而繪製的版畫插圖，描繪京城的一條古玩街，在那裡英國軍官們花掉了許多多餘的現錢來購買令人生疑的古董和現代的瓷器等工藝品。這條街上有一個巷子是專賣畫的，在那裡可以買到各式各樣的畫，其中有些極爲稀罕，唯妙唯肖地描繪了中國的家庭生活。在古玩街上還有一個古色古香的戲院，其建築風格十分精巧，頗似有歌舞表演的餐館。那裡的

正廳、頂層樓座和花樓裡都擺上了桌椅，觀眾們一邊吃喝抽菸，一邊觀看戲臺上的演出。女性角色都是由男孩子們來扮演的，無論臺上臺下都是如此。這是一個很奇妙的地方，樂隊也還過得去，儘管對於西方人的耳朵來說，聲音太響了點。大部分商店前面都擺上了桌椅，顧客們可以坐下來一邊品茶，一邊審視想買的商品。

本報特派畫家兼記者指出：

古玩街的景色令人難以忘懷。插圖要比我的任何言語都更能使你們對它有一個具體的概念。街上熙熙攘攘，擠滿了人。車、馬、驢和獨輪車到處都堵塞著道路，而一些英國軍官的到來更增添了那裡的混亂狀態，那些軍官大多都披著中國的裘皮大衣。北京店鋪裡的夥計們跟倫敦和巴黎的男僕們同樣機靈，他們隨時準備為顧客們效勞，將其已經購買的商品送到任何地方去。街道兩旁有貨攤和如象牙雕工藝品般精緻的鍍金店鋪門面。在密密麻麻的龍頭之下懸掛著無數的招牌。那些有鍍金龍頭和立柱門面的都是些當鋪。

CURIOSITY-STREET, PEKIN.—FROM A SKETCH BY OUR SPECIAL ARTIST.—SEE PAGE 157.

北京琉璃廠 —— 根據本報特派畫家的速寫繪製

THE ILLUSTRATED
LONDON NEWS

北京速寫
(Sketches from Pekin)

1861
《倫敦新聞畫報》第 38 卷，第 1076 號
1861 年 2 月 23 日，159、170 ～ 171 頁

中國的馬車

　　本報特派中國的畫家兼記者在發自北京的一篇報導中，描述了一個出租馬車停車處的情形，以及提到了在中國北方流行的馬車式樣。本報根據該畫家的速寫所繪製的這幅銅版畫向讀者們展示了這種馬車的外形。美國公使華若翰先生當時就是乘坐這樣的馬車（他稱之為箱子）進入北京城的。這種馬車由於沒有彈簧裝置，所以在路面不平的情況下會顛簸得很厲害，但在路面良好的情況下速度就可以很快。拉車的騾子或小馬都很有靈性，馬車夫單憑吆喝就可以駕馭牠們，幾乎都用不著甩鞭子。當馬車夫喊「嗒兒——」時，它們就往前走，一聽到「籲——」的吆喝聲就會馬上停下來。讓它們向左轉或向右轉也可以單憑吆喝就實現。中國人憐惜牲畜的程度和馴服牠們的能力簡直令人吃驚。當印度人給一些執拗的騾子上挽具時，無論怎麼威脅，牠們都不肯聽從，但是在一位完全陌生的中國馬車夫一聲吆喝之後，那些騾子頓時變得像狗一樣馴服。北京人非常喜歡馬，而且也像英國的驢夫們那樣，騎著驢子出遠門。有些中國北方馬車的外表裝飾非常漂亮，車輪上過清漆，上面點綴著釘子和黃銅固定物。挽具非常乾淨整潔，而且上面還裹了一層墊套。住在京師的貴婦人經常租馬車。城裡每隔一段距離，就會有一個正規的出租馬車停車處。馬車夫在趕馬車時總是坐在車轅上的。

北京的騾車 —— 根據本報特派畫家的速寫繪製

在冰上嬉戲的中國少年

本期首頁上第二張銅版畫插圖所描寫的主題是中國少年的冰上遊戲。本報畫家在發來這張速寫時寫道：

白河上現在已經全部結了冰，從北京的水塘一直到大沽的河道都成了溜冰場。無數的中國少年，就像世界各地的孩子們那樣，在冰上盡情玩著他們的遊戲。然而避閃無常的溜冰方法卻是我從來沒有見過的。一種用玉米稈子做成的冰鞋被踩在腳下（但並未綁在腳上），然後那些男孩子手裡拿著一根棍子，撐著冰面往前飛快地滑行。當然他們會不時地跌倒在冰面上，但很快就站起身來，哈哈一笑，又開始滑行起來。這個天寒地凍的季節也是孩子們最開心的日子。白天陽光燦爛，晴空萬里，夜晚明月當空，皎潔澄瑩。冰面像鑽石一樣閃閃發光，令人心曠神怡，遐思萬千。

冰上的遊戲 —— 根據本報特派畫家的速寫繪製

北京的茶館

　　在上一頁裡，我們根據本報特派中國畫家的速寫繪製了一張描繪北京茶館的銅版畫插圖。中國城市裡到處都是餐館，或者叫做茶館。它們都把桌子擺在街上，頗似我們在巴黎大街上所能見到的情景，可是這些茶館並不像巴黎的路邊咖啡館那麼格調高雅。北京的市民們酷愛泡茶館，他們有的一邊品茶，一邊凝神注視著街上的情景，有的嘴裡叼著煙桿，跟別人聊得起勁。從店鋪中斜伸出來的那根木桿子是北京街道上的一個典型特徵。有一個男人手裡用木棍舉著一隻鳥，端坐在中間那個茶桌邊。中國人更喜歡這樣把鳥兒帶在身邊，而不喜歡拎著鳥籠。在鳥的翅膀下面拴著一根線，這樣它雖然有活動的自由，卻不能從主人身邊逃走。

北京的一座茶館 —— 根據本報特派畫家的速寫繪製

北京俄國傳教使團的教堂
(The Russian Mission Church in Pekin)

1861
《倫敦新聞畫報》第 38 卷，第 1077 號
1861 年 3 月 2 日，187 頁

　　這座教堂是於 100 多年前建造的，位於俄國傳教使團的地盤之內，離把北京內城和外城隔開的城牆很近。俄國使團的房子條件極好：那裡有舒適的房間、雙層玻璃的窗戶、考究的家具、俄式的火爐和一個撞球室，那

裡撞球的碰撞聲使人忘卻這是在中國的首都。俄國公使館中有一位富有表現力的畫家，在瀏覽他所畫蒙古、西伯利亞和北京郊區的速寫時，本報特派畫家感到了一種極大的享受。俄國傳教使團的房屋由東西伯利亞的哥薩克士兵守衛，其中的 2 位士兵出現在我們的插圖之中。圖中的另外一個人是蒙古人。

THE RUSSIAN MISSION CHURCH IN PEKIN.—FROM A SKETCH BY OUR SPECIAL ARTIST.

北京的俄國東正教教堂

1861

THE ILLUSTRATED
LONDON NEWS

中國火炮
(Chinese Guns)

1861
《倫敦新聞畫報》第 38 卷，第 1082 號
1861 年 4 月 6 日，325 頁

英國皇家海軍的外科醫生喬治班克司先生於 1860 年 11 月 20 日從位於白河的「雄狍號」軍艦上熱心地給本報寄來了關於中國紅衣炮的速寫，本期刊登的版畫插圖就是根據這些速寫繪製的。他還提供了以下關於這些炮的細節描述：近些年來，對於鐵質火炮的特徵科學家有了一些重大的新發現，並且進行了大肆宣傳。首先，他們發現金屬鑄造的火炮，無論其形狀和大小如何，無論是黃銅還是生鐵鑄造的，都無法抵禦火藥爆炸時釋放的力量。就像我們在最近一次戰爭中所見到的可悲情況那樣，所有的火炮，尤其是在斯韋博格的迫擊炮，在經過一定次數的發射之後，炮筒都會崩裂。有些炮韌性更強一些，發射的次數就會多幾次。

這一事實搞清楚之後，有些熱愛鑽研的人就開始研究這一問題，其結果就是他們發現了金屬脆弱的原因，即造成炮筒崩裂的緣由。現在大家全都知道，那些先鑄造再膛孔的炮筒表面會先冷卻，然後內部再慢慢地冷卻，炮芯部分最後才冷卻。按照物理的原理，最外層的表面剛硬，而所有內層部分慢慢冷卻的炮筒一定會從外到內，使各部分的分子處於各種不同的張力或拉力狀態，這正是人們最不願意見到的情況，因為處於這種狀態下的炮筒就像是燒製時沒掌握好火候的玻璃酒杯，或是溫和狀態下的「魯珀特之淚」[2]，由於發射炮彈時所引起的震動會撼動那些張力和拉力不均勻的分子，並足以摧毀分子的聚合。為了彌補退火不均勻的缺陷，人們想出

---

2 「魯珀特之淚」（Prince Rupert's Drop）是指熔化的玻璃跌入冰水中所形成的蝌蚪狀玻璃淚滴。由於玻璃內部的壓力不均衡，所以稍微捏重一點，玻璃就會瞬間爆裂四濺。—譯者注

了各種巧妙的方法，如使剛鑄造好的炮筒慢慢地冷卻，用水流使炮筒的外部和內部同時冷卻等等。但是沒有一種做法是成功的。然後我們就聽說用鋼或鍛鐵來製造厚重的鐵條嵌裝或是用鐵環箍住的炮筒。有些炮筒口徑巨大；有些炮筒是用鐵環把長條金屬箍在一起而成；有些炮筒是用同心環，或是以鴿子尾巴的樣式逐段嵌接而成，隨後再用環箍起來的；還有些炮筒是用精心鍛造的金屬管子冷卻後一層層地套在一起，其精密程度不遜於製表工藝，這就是我們今天所使用的炮。阿姆斯壯大炮和惠特沃斯炮，其炮筒基本上是不會崩裂的，當然還有加上膛線，其製作工藝精益求精，終於使產品趨於完善。所有這些改善和進步都是在最近幾年中才完成的。你們可以想像一下我的驚訝程度，當我在穿越位於白河口的大沽炮臺時所看到的許多被丟棄了的，並且顯然是非常古老的中國火炮，幾乎完全是按照這些原理所鑄造的。17 世紀末，當著名的南懷仁教他們如何用黃銅和鐵鑄造大炮時，還有人抵制。但直至如今，他們仍不知道我們鏜孔的方法，當然更不知道鏜來複線的方法。這些炮堪稱古董，我寄給你們幾張粗糙的速寫，並且附上它們的口徑和大小。

第一號炮在炮口處崩裂了一塊，使我能夠看到它內部的構造。炮筒的內在部分，也就是炮孔，是用 1 英寸寬、0.5 英寸厚的鐵條銲接而成，並在炮口處形成一個炮唇。圍繞這些鐵條，有許多 1 英寸厚、3 英寸寬的鐵環將它們箍在一起，這些鐵環也是被焊在一起的。在這些鐵條和鐵環的外面，是 2 英寸厚的鑄鐵炮筒，在炮口處的厚度達到了 3 英寸。當然，炮筒的後膛處要更厚一些，這樣才形成火炮的形狀。炮筒外表的細紋是由鑄造炮筒的鑄模沙磚所造成的。該炮筒長 9 英尺 6.5 英寸，後膛處的口徑為 23.75 英寸，炮口處的口徑為 15.5 英寸。

第二號炮跟第一號炮很相似，但是其炮孔中只有銲接在一起的鐵環，外加鑄鐵炮筒。特別引人注目的是，這兩門炮的崩裂處是在同一個部位。該炮長 9 英尺 7 英寸，後膛處口徑 2 英尺 1 英寸，炮口處口徑 16 英寸。第三、四號炮筒都是用鍛鐵製造的，外面用緊縮的鐵環箍住。第三號炮長

2 英尺 6 英寸，炮孔口徑 3.75 英寸。第四號炮長 4 英尺 6 英寸，炮孔口徑跟第三號炮相同。第五號炮顯示了在既不能抬高，又不能降低炮口的情況下，如何在同一個炮眼裝置兩門炮的方式。有些形狀幾乎跟它們相同的炮是被裝置在炮車上的，以形成一種雙筒野戰炮。

然而最為奇特的還要算是第六號炮。這是一種普通的後膛裝彈的炮，非常像是按照 W. 阿姆斯壯先生的原理而製造出來的炮，只是在一個應該用螺絲的地方用了一根鐵棍。標有「1」的兩個部位之間是通往炮孔的一個豁口，只是當標有「2」的鐵塊和標有「3」的鐵棍拿掉之後，要比阿姆斯壯炮稍大一些。當這兩個部件復位之後，炮彈就會從標有「4」的炮筒射出。在炮筒上沒有炮耳。有幾門面朝大海，曾轟擊過騎兵的炮口徑巨大，而且考慮到中國人沒有車床對其進行加工，圓形的炮筒完全是用手工和鋼銼一點點地製作出來的，其製造工藝頗令人驚奇。有的炮是用黃銅鑄造的，有的則是用純粹的紫銅鑄造的。每門炮的自身重量都在 7 噸以上，發射的炮彈重達 401 磅。這些炮被作為戰利品在英法聯軍之間平分，並將作為英國公園的裝飾品。在大沽炮臺裡我們發現了成千上萬個處於各種不同製造階段中的火繩炮炮管。軍火庫裡有一車車的煙火信號彈。這順便也證明中國人還不知道高角射擊的效能。因為這些軍火庫是用稻草和黃泥建在開闊地上，外面再用牛皮覆蓋的。僧格林沁在給皇帝的一份奏摺中把炮臺失守的原因歸咎於其中兩個軍火庫的意外爆炸。

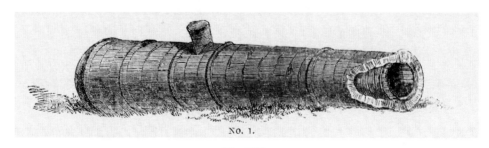

NO. 1.

第一號炮

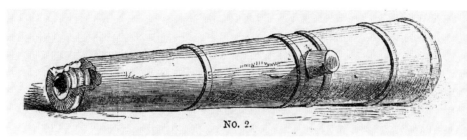

NO. 2.

第二號炮

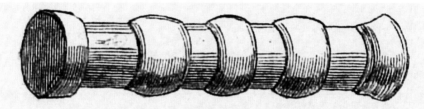

No. 3.

第三號炮

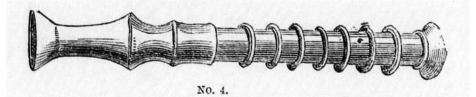

No. 4.

第四號炮

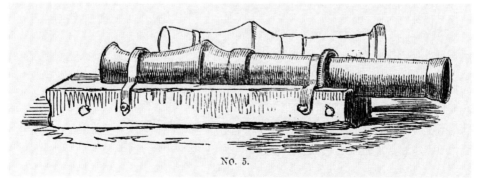

No. 5.

第五號炮

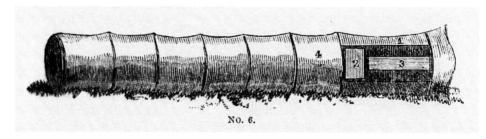

第六號炮

THE ILLUSTRATED LONDON NEWS

額爾金勛爵從中國回到倫敦
(Return of Lord Elgin from China)

1861
《倫敦新聞畫報》第 38 卷，第 1083 號
1861 年 4 月 13 日，327 ～ 328，330 ～ 332 頁

　　沒有任何現代災難要比在白河入海口發生的那次戰役更使這裡的英國人感到懊悔，清軍所抗禦的英法聯軍艦隊是為了維護赴京的英法特使團的尊嚴和為他們提供保護的。完全出乎英國公眾的意外，此次戰役似乎一下子就打消了我們準備從天津條約中獲得的優勢。戰役還造成了可悲的生命損失，嚴重損害了英國武力在東方的威望，使我們陷入了在遠隔 15,000 海里之外的、一個人口眾多的、本質上並不好戰的帝國開戰時所不可避免的困難和不確定因素之中。此次戰役使我們窺見了一個模糊的前景，既令人困惑，又極不光彩 —— 令人困惑是因為誰也不知道我們要透過什麼手段或冒什麼樣的險才能夠接觸到清廷，並使它恢復理智？極不光彩是因為在這場戰役中英軍在軍事科學、紀律和裝備上占盡了優勢，而清軍只有被屠宰的份，這樣的結果又怎麼能為英國的武力增添光彩呢？

　　為了評估剛回到英國的額爾金勛爵的成就的價值，我們有必要回憶一下他臨危受命時所肩負的方方面面使命，就連最了解中國的人也不例外。我們只需回憶一下當時有多少個難題，其中有些難題不僅神祕，而且駭人，它們曾經在報紙上引起過深刻的討論，但其結果都極不令人滿意。這些難題都是跟額爾金的使命放在一起來進行討論的，把他的任務跟他過去的功績進行了詳細的比較，結果確信他正是「放在那個位置上最合適的人」。至於從哪一方面去接觸清廷，用什麼方式才能最好地利用對方的恐懼，英國的要求貫徹到何種程度才不至於徹底粉碎清廷的統治機制，英軍將會面臨何種氣候方面的危險，在追擊敵人時如何保持安全距離，軍需品該運往何處，在何種程度上軍事勝利可以有助於外交投降和簽訂國際條約——這些和至少 20 個以上其他問題都在軍事、海事和商業當局的主持下進行了熱烈的討論，並且衍生出了五花八門的不同結論，以至於英國公眾只能最終得出一個隱含信心的結論，即他們所陷入的這場爭鬥，其長度、代價和終極問題都是無法預知的。

　　對於英國駐華特命全權大使額爾金勛爵來說，在短短的幾個月之內他就克服了如此之多的不確定因素，得到了他出發時所想要的所有目標，並在沒有損失一支軍隊和沒有經受過一次重大失敗的情況下返回英國，同時他也沒有因清廷的兩面派行為而上當受騙，沒有使大量中國平民深受苦難，沒有動搖滿人在清廷中的皇權地位。毫無疑問，他的成功是在舉賢薦能、紀律嚴明和指揮得當的軍隊積極輔佐下而取得的。後者雖不能說在戰場上屢建奇功，卻因其進退自如、布陣嚴密和軍容整肅而威名大振。在這一方面，從來就沒有哪一位特命全權大使受到過更好的服務。但並非每一位士兵對自己手中的武器都瞭如指掌，都能隨心所欲地發揮它們的最佳性能。在很多情況下，我們往往是依靠卓絕的勇氣而贏得了戰爭，但因為外交錯誤而發現自己被剝奪了所有的實際目標。在其他很多情況下，由於我們的外交官精通外交手段，知道該在何時、以何種方式提出要求，使我們盡快取得更有利的和平。

1861

　　額爾金勛爵的勝利也許既可歸功於他的品德，又可歸功於他的洞察力、外交技巧和堅毅決心。首先，他以極其溫和的方式迫使清廷和清政府接受英方的要求。他堅持要咸豐皇帝做到的條件中並沒有任何虛榮的、過分的和懲罰性的因素，同時也沒有任何妄自菲薄的因素。「我要你履行你的條約約定」——這就是他向想要逃避條約（假如不是違反條約）的清政府所提出的要求。「你在天津所簽訂的每一個條款都必須做到」，這就是該特命全權大使所提出要求的主要內容，另外還有以下的附屬條件：「你必須賠償因你的背信棄義而給英方造成的損失。」這幾句話足以反映了英國特使此行的目的。這些要求並沒有過於冒犯中國的自尊，雖足以令它感到羞辱，但並不會把它壓垮。其次，額爾金懂得何時該忍讓，何時該堅持——何時要表現出耐心，何時須表現出果敢。在時機有利的情況下他可以等待，但在必要的時刻他也能勇敢而迅速地發起攻擊。他的復仇方式是針對財產而不是針對人，所懲罰的對象是皇帝和清廷，而非中國老百姓。從頭至尾在他談判的過程中，儘管這些談判會激發出他最大的決心，去逼迫清廷接受英方提出的條款，但他同時也會顯示出最值得稱讚的人文關懷，即不會只靠用戰爭恐怖去嚇唬對手。透過事件來進行判斷，這位尊貴的伯爵要比英國任何一個其他人都更清楚地知道該做什麼，如何去做，以及何時可以最有效率地做這件事。

　　先不討論關於這次戰爭的政策，對此問題我們最著名的政治家們都會有很多意見分歧，我們可以衷心地歡迎特命全權大使的歸來。他的外交技巧已經使我們獲得了我們所希望的，並且將會獲得證明的那種持久和平。我們幾乎無法想像中華帝國的廣袤領土、中國人民的勤勞程度、他們的商業才能、他們所顯示的奇特文明階段，以及國內的政治革命，後者在過去12年中一直像海潮般滾滾向前，但並沒有形成或珍惜一個強烈的欲望，即英中未來關係只能是建立在和平、商業和國際善意基礎上的。中國就像是一片乾燥的土地，準備吸收曾經滋潤過西方的所有知識和許多思潮。沒有不可去除的無知，沒有頑固不化的社會偏見，沒有根深蒂固的迷信在

中英更緊密交流之間設置不可踰越的障礙。而與此同時，中國人的需求，他們的品味和願望，我們還可以再加上他們智力培養的總體狀況，使他們有資格，而且必將不斷增加跟我們的貿易往來。迄今為止，上述傾向在很大程度上因清政府官員的嫉妒和限制政策受到阻礙。這些限制大多是名義上的，而且毫無疑問，它們實際上在幾年後也即將被破壞。中國只是在近現代才被其他國家視為是一個封閉國家的。就英中條約的規定而言，中國將再也不會是一個封閉的國家了。也許我們還需要一些時間才能等來天津條約中已經給予了的西方人去中國內地旅行和做生意的自由。在英法聯軍占領北京城的情況下得以正式批准的這個條約將會把這一規定完全變成現實。可以肯定的是，它在將來某一時刻必定會實現，而且不必等待很長的時間，屆時歐洲人就可以穿越中國廣袤的國土，就像他們目前穿越美洲大陸一樣。

　　這對我們來說是一個多麼美好的前景！這對於擴展貿易提供了多麼大的空間！它將會給我們帶來多少種難以計數的新資源！這對於推行科學、文學、慈善和宗教事業營造出了多麼廣闊的天地！這件事已經超出了我們最具有冒險性的想像力。這就彷彿是西方為自己找回了占地球 1/3 的能源，而在過去的兩個世紀中它已經失去了這些能源。這個結果也許是無可估量的，它超越了西方發現美洲新大陸所帶來的結果。人們目前最擔心的是，中國開放這一突然而強烈的吸引力會引來大量不守法的冒險家，而且在合法貿易組織出現之前，會有流動阿拉伯商人的陰謀。這將會比任何其他原因都更會成為引起第三次英中戰爭的主要原因，而且我們確信，這也將是引起未來誤解的主要原因。我們真摯地希望，歐美政府將都會盡力避免戰爭危險，而且從今以後將都不會有最小的意願以惡意違反中國人民的法律、習俗或感情的方式來保護它們各自的臣民。外國領事館絕不能成為遊盪罪犯們的庇護所，而且最重要的是，以國家名義自詡的土匪、海盜們在因其惡行而受到懲罰時，絕不能借民族榮譽之名來進行報復。由於這一預防措施已經被好幾個西方政府加以堅決執行，我們看不出有任何理由將

會證明額爾金勛爵所鑄造的和平是短命或無效的。透過天津條約，他已經賦予了我們行善的巨大潛力：現在要靠我們自己來把這種潛力變為合理的現實。

THE ILLUSTRATED
LONDON ▲ NEWS

中國戰爭賠款的銀兩過秤
(Weighing the Indemnity Money)

1861
《倫敦新聞畫報》第 38 卷，第 1083 號
1861 年 4 月 13 日，327、330 ～ 332、375 頁

歷史將會記住，由於中國人對英國戰俘的虐待折磨和殘暴殺害，被夷為平地的皇帝夏宮圓明園不僅關押了戰俘，還有好幾椿慘案在那裡發生。而且克蘭忒爵士還迫使中國當局為受害者家屬，以及那些受盡折磨的生還者支付 30 萬兩白銀（約合 10 萬英鎊）的賠款。法軍將領也為同樣的原因向中國政府索取了 20 萬兩白銀的賠款。去年 10 月 15 日，克靈頓爵士發布了一項聲明，要求中方為英國戰俘們支付賠償，並與英國簽訂和約，否則便要洗劫北京城。中方很快就對此做出了回應，在 22 日支付了戰爭賠款，並於 24 日由額爾金勛爵與恭親王聯合簽署了和約。在向英國戰俘們支付賠款的同時，中方的恭親王還向額爾金勛爵發出了一個照會，由英國公使館的中文祕書威妥瑪將其譯成中文，內容大致如下：

皇帝特使恭親王照會英國公使。在收到英國公使發來的有關支付被俘英國軍官和士兵 30 萬兩白銀的賠款，以補償他們所受的折磨和犧牲的生命這一要求的急件之後，本親王表示完全同意，並已於當日派官員前往遞交上述戰爭賠款，以確保兩國間的良好關係。本親王深信英國公使會全數悉收此項賠款，並回信確認此款項已經收到。該回

執可交予押解賠款的官員，這樣他就可以把它交給本親王，以作爲相互信任的一個憑證。此照會致額爾金伯爵閣下，咸豐十年九月九日（1860年10月22日）。

WEIGHING THE COMPENSATION MONEY EXACTED FROM THE CHINESE FOR THE RELEASED BRITISH PRISONERS AND FOR THE FAMILIES OF THOSE WHO WERE MURDERED.—SEE PAGE 333.

中國賠償戰俘及家屬的銀兩正在過秤

THE CHINESE GENERAL PRINCE SAN-KO-LIN-SIN.——FROM A
PHOTOGRAPH BY SIGNOR BEATO.

清朝著名將領、郡王僧格林沁 —— 根據貝亞托先生的一張照片繪製

有關將戰爭賠款押解到北京郊外的英法聯軍軍需部這一事件，本報 1 月 26 日出版的那一期上曾有配圖的文章加以報導。本期首頁上我們刊發了由本報特派中國的畫家所畫的一張速寫，描繪戰爭賠款的銀兩正在過秤。此外，那些重新獲得自由的戰俘將其應得的賠款全部贈給了被害者的家屬。

圍觀的人群

本報駐華特約畫家在中國畫速寫的時候，總是不斷地有好奇的老少百姓圍著他看。眾所周知，圍觀者的存在實際上會妨礙畫家繪畫才能的發揮。有一次，圍觀的人實在太多，完全擋住了他的視線，於是他便開始轉而畫那些心平氣和，但是總也甩不掉的圍觀者。有關這一特殊群體的速寫，被畫家冠名為「我畫速寫時所必須穿透的人牆」，下圖即為根據該速寫繪製的版畫插圖。

A GROUP OF CHINESE,—FROM A SKETCH BY OUR SPECIAL ARTIST.

本報特約畫家現場寫生時圍觀看熱鬧的老百姓

THE ILLUSTRATED
LONDON NEWS

戰爭賠款抵達天津
(Arrival at Tien-tsin of Indemnity Money)

1861

《倫敦新聞畫報》第 38 卷，第 1085 號
1861 年 4 月 20 日，359 ～ 360 頁

ARRIVAL AT TIEN-TSIN OF A PORTION OF THE CHINESE INDEMNITY MONEY, ESCORTED BY CHINESE TROOPS.—SEE NEXT PAGE.

由中國軍隊護送的一部分戰爭賠款抵達天津

除了為已經釋放的戰俘和那些已經遭到殺害的戰俘家屬所支付的賠款

金額之外，中國皇帝還同意分別向英國和法國政府支付 800 萬兩白銀的戰
爭賠款，以補償兩國在此次戰爭中消耗的軍費，以及英國人和法國人在廣
州和其他地方所受到的財產損失。據報導，有兩筆賠款已經抵達天津。第
一筆 20,000 兩和第二筆 30,000 兩是付給英國人的，同樣數量的賠款也在同
一時間支付給了法國人。在下頁我們所看到的版畫插圖是根據本報特派畫
家的速寫而繪製的，它描繪其中一筆賠款在清朝士兵的護送之下到達天津
的情形。

THE ILLUSTRATED LONDON NEWS

中國皇帝的夏宮
(The Emperor of China's Summer Palace)

1861
《倫敦新聞畫報》第 38 卷，第 1086 號
1961 年 4 月 27 日，390、400 頁

下頁刊登的版畫插圖描繪北京附近皇家夏宮的一部分，這幅圖是根據
一張照片繪製而成，是在這座宮殿被焚毀的前一天所拍攝，即去年 10 月
18 日。關於清朝天子陛下位於海淀的這個夏宮及園林（圓明園），在《中國
郵報》上有下列報導：

從北京到圓明園所鋪設的御道是以城西的西直門為起點的，一路
上彎彎曲曲地繞過了一些名稱各異的村莊，它們總稱為海淀。沿著這
條石板路穿過這群醜陋的房子，你就會到達一條寬闊的大路，而這條
用石板鋪設路面的御道正好位於大路的中央，左右兩邊都是花園的石
牆，在石牆內住著的都是些王公貴族。當你沿著花園繼續向前，穿過
一座石橋後向左轉，就會看到這條路把你帶到了圓明園大門前的兩個
大水池之間。這裡的大樹下面就是法軍紮營的地方。

位於北京郊區的中國皇帝夏宮一角

　　如果你從這個大門進去，便到了一個石板鋪地的大院子，一個接待客人用的殿堂就會出現在你的面前。這是一座巨大的中式建築，外面用油漆和鍍金裝飾得富麗堂皇，往上翹起的屋簷上張著網，以防鳥雀落在那上面。從殿堂中間的正門進去，就會走到光滑的大理石地面上，面前就是皇帝的黑檀木寶座。寶座上的雕飾工藝非常精湛。寶座所在的地面用淺紅色毛氈覆蓋，有三組低矮的臺階通向這個寶座，中間的那組最寬，因為這是用來跪拜皇帝的殿堂。左邊的牆上有描繪圓明園的巨幅畫作。靠牆的桌子上放滿了書籍和古董。殿堂的右方是一幢接一幢的房子，裡面布置著

錦緞、古玩和各種奢侈品，非常富麗堂皇。這些房子的前面大多都有花園。接著就是僕人的房子。在大堂的後面是假山，而假山的後面又是一個大池塘。一條鵝卵石路將人們引向一座石橋，過了這座橋之後，又呈半圓形穿過這個池塘，你必須穿過這個池塘才能到達下一個殿堂。兩者的距離大約有 500 碼。這個殿堂規模稍小一些，也沒有那麼精緻，黃色的轎子和一頂山轎緊靠在皇帝的寶座旁邊，左右都有配殿，在主殿和配殿之間還有佛像。後面還有一個接待客人的殿堂，它的後方還有第三個殿堂。左邊是皇帝的私人起居室，裝飾得非常漂亮，桌子上點綴著各式各樣的精美藝術品，其中還有許多英國和法國的藝術品。最後面是皇帝的寢宮，它與前面連接的房間門上有一個簾子遮蓋著。寢宮的牆上有一個很大的往裡面凹進去的壁龕，它被簾子圍住，並鋪著絲綢的床墊，那是皇帝的睡床，還有一個供皇帝陛下登上床的傾斜平臺。皇帝的枕頭下有一方小小的絲帕，近處的桌子上還放置有煙桿和其他中式奢侈品。皇后的兩個房間在寢宮的最左邊，穿過了這些房間之後，你會再一次走到用鵝卵石鋪成的路上，通過湖泊，穿過人造洞穴，走過涼亭，來到巨大的樹下，直到你稀里糊塗地完全迷了路。圓潤而光明的花園就是這個夏宮在中文裡的意義，然而它們更像是一個有圍牆環繞的巨大公園，所有這些地方的一個共同特點就是它們都是中式園林中最漂亮的。它的建築和聚集的奇珍異寶一定是花費好幾個世紀才造就的傑作。

　　萬壽園，或稱慶賀生日的花園，坐落在圓明園西邊大約 1 英里的地方。御道在緊靠它圍牆的下方通過，接著又穿過一個叫作青龍橋的村莊，向左轉以後便通向另一個叫靜明園的花園。它的圍牆之內有兩座小山，其中一座小山的頂上有一幢六層高的建築，那就是雅青塔，另一座小山上是一個尖頂的喇嘛廟廢墟。大約 2 英里遠處，在西山的山坡上，即點綴在平原上的八旗村莊的後面，你可以隱約望見第 4 個皇家園林，其美麗毫不遜色於前面這些花園，那就是香山。

　　這些花園勝境就是 10 月 18 日英軍第 1 師開始毀滅的地方。清軍

1861

虐待那些在通州被誘捕的英法官兵，為了這些不幸的受害者，我方必須進行報復。這也是對他們的一個警告，即除非他們投降，否則這座皇帝的樂園必須被焚毀。這支部隊是在 8 點半之後開始動手的，沒過幾個小時，騰空而起的煙柱便宣告著毀滅行動的開始。然而 10 月 19 日才是破壞行動發生的最主要日子。

從萬壽山的山頂眺望鄉間，景色非常美麗。你可以俯瞰眾多的壯觀寺廟、巨大的湖泊，還有一個寺廟隱藏在它的懷抱之中，大理石拱橋從小島上的寺廟通向岸邊。南部是開闊的鄉野，那裡有一簇簇的村莊和樹林，右邊是層層疊疊的群山，在遙遠的地方還可以望見北京城。

北京的皇宮

在第 390 頁（原報頁碼）上刊登了一張描繪北京皇宮一角的版畫插圖，這是根據去年 10 月 29 日拍攝的一張照片所繪製。關於北京內部的描述可分為兩部分 —— 城市的北部是滿人居住的地方，稱內城；城市南部是漢人的居住的地方，叫做外城。雖然這兩部分相連，但它們中間仍隔有一道帶有城門的城牆。我們從《麥克米倫》雜誌中摘錄的以下內容是對內城的一段描述，皇帝的紫禁城也坐落於內城之中：

內城，或稱北城 —— 對於內城的描述要比對外城的描述更加細緻生動，而且還單獨附了一幅從中文地圖複製的摹真地圖，它是 1843 年由傑維斯少校印製的。內城的面積大約是 16 平方英里，被分成了三個獨立部分 —— 最裡面的中心部分叫做紫禁城，它形成了一個周長大約 2 英里的長方形，被高大的杏黃色宮牆所圍住，其中包括了皇宮及其附屬的建築和廣場。紫禁城的外面就是皇城，它形成了一個空心的長方形，其中包含了最中心的部分，周長約為 6 英里，同樣也有城牆和城門。最後是第三個圍城，即通城，就是位於皇城與內城外城牆之間的其餘部分。

北京皇宮的一角

　　紫禁城 —— 最裡面也是最核心的部分，被杏黃色的宮牆所圍住，那些在內城其他部分縱橫交錯的街道也無法穿插進去。這裡是中國人所描述的北京樂園，即天朝皇帝及其皇室成員最合適的居住場所。把紫禁城跟外城連接起來並穿過許多城門的御道充分顯示了壯觀的皇家氣派。其中一座城門是午門，這道城門有 3 條通道，一邊有一個日晷，另一邊有一個月晷，城樓的上面還有銅鑼和大鐘，每當皇帝進入或者離開午門的時候它們就會敲響。另一道城門叫做太和門，門下有 5 條通道，用漢白玉建成。這座建築高 110 英尺，有階梯通到城樓上面，在特定的日子裡，皇帝會在太和殿裡接受朝臣的跪拜。然後就是乾清宮的建築群，這是皇帝的寢宮，是所有的宮殿中最高大、最華麗也是最宏偉的建築，它前面的庭院裡有一個鎦金的小銅塔，上面裝飾著大量雕刻精美的人物形象。塔的東面是一個巨大的器皿，它同樣也是用鎦金黃銅製作的，裡面日夜燃著焚香。中文的描述還提及了坤寧宮的部分，即皇帝嬪妃居住的宮殿。奉先殿：這是供奉皇家祖先的祠

廟，每到重要日子，皇帝會到這裡獻祭；還有欽安殿，即供奉紫禁城守護神的寺廟；南薰殿裡有中國皇帝和其他賢人的肖像，他們根據不同功德的等級排列在那裡；還有軍機處、國庫及其他部門的事務處。傳心殿：看到這個名字，讀者可能就會想到這個大殿是用來為中國境內的科舉服務的，但是它看上去更像是一個供奉儒家經典的地方。還有文淵閣，這是皇家的藏書樓。武英殿：這是皇家出版機構，每天在這裡發行《京報》，當然這只在帝國境內各官僚機構中流傳。除此之外，這裡還有花園和園林，其中最引人注目的是御花園，裡面有漂亮的小路、樹林、噴泉，還有神龕。

　　皇城——一個空心的長方形區域，它夾在中心的紫禁城建築群與城市外沿部分的中間，那裡有許多等級不同的王府，據亞金甫（Hyacinth）神父所說，整個北京城裡有大約 700 位王爺。皇城的城門同樣很有意思，它們都有自己特有的名稱。皇城中還有許多寺廟和祭壇，最著名的是太廟，這是供奉清朝皇帝祖先的地方，據說它的圍牆長約 3,000 英尺；先蠶壇，這裡供奉最早發明養蠶的人；還有盛福寺（Chen-Fu-Tse），是一個佛教的寺廟，裡面有 60 英尺高的黃銅佛像。也有一些店鋪和政府機關，但大部分地方都是富人的住宅。還有一座景山，這是一座高 150 英尺，靠人工堆成的小山，上面有亭臺樓閣，還有山間小路，鳥語花香，野趣盎然。還有一個人工湖，人們夏天在湖裡划船，冬天就在那裡滑冰。

THE ILLUSTRATED
LONDON NEWS

北京的皇城
(The Imperial City, Pekin)

1861
《倫敦新聞畫報》第 38 卷，第 1087 號
1861 年 5 月 4 日，414 頁

　　大清帝國的京師城內有著大量用漢白玉雕塑裝飾的宮殿和寺院，城裡的大部分地區則是被廣場、花園、池塘，甚至是田野所占據。正如我們上週所指出的那樣，北京是由內城和外城這兩個部分所組成的，此外還有 12 個人口密集的郊區。位於北部的內城又被分為三個涇渭分明的部分 —— 處於中心位置的那個部分稱作紫禁城，包括皇宮及其庭院；紫禁城周圍的地區稱作皇城；其餘部分就是普通滿族人住的內城。在內城裡有國子監的校舍和俄國公使館駐地的房屋。

　　我們在本文中所要介紹的皇城是一個長方形的空曠地區，夾在京師的核心部分與外延部分之間。它的周邊長度約有 6 英里多，城內擁有眾多大小不等的王府。在許多精美的王府建築中間還有一個大型的佛教寺院，院內供奉的一座鍍金銅佛像高達 60 多英尺。皇城內的大部分空間是那些貴冑富人的後花園。這裡有一座高 150 英尺的假山，山上有露天階梯看臺、小徑、亭臺樓閣和花圃，到處都能見到鳴鳥、野兔和長毛兔。這裡還有一個人工湖泊，湖上有一座建有九重漢白玉牌坊的石橋，以及一個稱作瓊華島的小島，那是一座樹木繁茂的小山，山上的寺廟和亭榭樓臺錯落有致，景色如畫。山上還有眾多花園，其中有一個大蕉園裡種滿了果樹、灌木，並且內含一個湖泊。

　　本報關於皇城花園和佛寺的版畫插圖是根據去年 10 月 29 日拍攝的一張出色照片繪製的。

VIEW OF THE GARDENS AND THE BUDDHIST TEMPLE IN THE IMPERIAL CITY, PEKIN.

北京皇城內花園和佛寺的景色

THE ILLUSTRATED
LONDON NEWS

盧遜，皇后的寵物狗
(Looty, a Little Dog Found in the Summer Palace, Near Pekin)

1861
《倫敦新聞畫報》第 38 卷，第 1093 號
1861 年 6 月 15 日，560 頁

在去年 10 月洗劫北京附近皇帝夏宮圓明園時，第 99 團的鄧恩上尉在園中找到了一隻寵物小狗。圓明園內沒有發現其他類似的狗，所以人們認為這隻狗是屬於皇后或皇家某位公主的。至於狗的小腳女主人稱呼它什麼名字，恐怕已經成了一個不解之謎。然而，它卻被恰如其分地重新命名為

盧逖（Looty，戰利品）。鄧恩上尉將小狗隨身帶回了英國，並將它獻給了英國維多利亞女王。女王陛下愉快地接受了盧逖這個禮物，並使它成為王宮狗群的一個成員。凡是見過盧逖的人都認為此狗是英國目前最小和最漂亮的寵物狗。

盧逖，在北京附近的圓明園內找到的一隻小狗

中國火炮
(Chinese Guns)

1861
《倫敦新聞畫報》第 38 卷，第 1096 號，
1861 年 6 月 27 日，74 ～ 75 頁，82 頁

經過英國陸軍部地形測量科主任和英國皇家學會會員、尊貴的亨利爵士上校的允許，我們才能使本報讀者欣賞到上面這幅有關去年 8 月在鴉片戰爭中繳獲的清軍火炮的版畫。最近有一批這樣的火炮，大約 300 門，由「刻松號」運輸船運送到了伍利奇的皇家軍火庫。許多這樣的火炮做工非常精細，充分展現出中國人在製造重型火炮上的進步。其中有一門裝置在攻城車上的重型火炮成為本期插圖所描繪的對象。它的主要尺寸大致如下：從炮口到基區環（即右面的底套圈）的長度為 11 英尺 6 英寸。火炮的口徑為 8 英寸，幾乎與使用 68 磅炮彈的英製火炮相同，它的重量為 5 噸 19 英

擔。該火炮的構造很奇特，因為它是在一根厚約 2 英寸的熟鐵外面進行澆鑄的，而那根熟鐵現在形成了炮膛的內壁。

在去年 8 月戰鬥中從清軍那裡繳獲的青銅火炮

裝載這門重炮的炮車是用柚木製作的，其構造雖然粗糙，但很結實，輪子上還裝飾有外表大而圓的鐵釘。在炮車的最末端還裝有小鐵輪，以便使那門重炮能夠很輕鬆地移動。

有 23 門這樣的火炮其大小和重量都很相似，但是沒有兩門炮的樣式是一模一樣的，而且它們所用的金屬也不相同，因為有些火炮幾乎是用純銅鑄造的。

這其中有一門火炮的射擊精度堪與西方的阿姆斯壯炮相媲美，因為它能使 7 個以上的炮彈擊中同一個目標，而炮彈第一個衝擊波所造成的餘傷，在幾英寸的距離外，會伴隨著一連串由彈片造成的尖銳楔形凹痕。

還有大約 50 門小而精緻的黃銅火炮，每門火炮的大小和重量約跟使用 39 磅炮彈的英製火炮相同。其餘的火炮都是鐵鑄造的，其大小和樣式各異，有些也是裝置在粗糙的木製炮車上的。其中有一門炮是樣子很漂亮的

後膛炮，但是有一些配件缺失。另一門炮還附有兩個圓環，用一根毛竹穿越這兩個圓環，便可以用四個人來輕鬆地抬著它走。所有這些鐵炮都是在一個炮臺裡找到的，但是它們似乎全都沒有在最近那幾次戰役中使用過。

值得一提的是，在這些火炮中還有幾門是英國軍艦上裝備的炮，它們是在 1859 年 6 月在白河上發生的那次戰鬥中被中國人繳獲的。這些炮似乎全都裝備在大沽炮臺上，而且在防守炮臺的戰鬥中全都用上了。

THE ILLUSTRATED
LONDON NEWS

來自巴黎一年兩次美術展的圖畫
(Paintings from the Biannual Exhibition in Paris)

1861

《倫敦新聞畫報》第 38 卷，第 1096 號
1861 年 6 月 29 日，583 頁

西奧多‧德拉米爾先生在美術界尚未享有悠久而崇高的聲譽，然而他筆下的中國風情畫卻個性鮮明，並且傳遞了大量的文化資訊。德拉米爾先生早先是位銀行家。他是目前《國家報》擁有人的長子，曾經擔任過聞名歐洲的德拉米爾、馬丁和迪迪埃銀行的主管。10 年前，西奧多先生在 25 歲的黃金年華提前退休，因為他覺得自己天性不喜歡做生意。自從退休以後，他全身心地投入了自己所喜歡的事業，即鑽研美術。他廣博的語言知識和環球旅行的經歷使得他逐漸把注意力轉向了用圖像來記錄不同的人類種族，並最終專注於表現蒙古人種。許多年以來，他一直執著地研究著中國人的生活方式 —— 他們的家庭、習俗、衣著、日常用品和家具。在本次美術展中，觀眾們終於欣賞到了他這一研究的成果。西奧多先生不愧為一位底蘊深厚的學問家，我們也可以肯定地說，他同時還是一位聰明的藝術家。

燈籠畫匠

"THE OCCIDENTALIST," BY M. THEODORE DELAMARRE.

西學研究者

1862

THE ILLUSTRATED
LONDON NEWS.

中國喜鵲
(The Chinese Magpie)

Apr. 5, 1862

《倫敦新聞畫報》第 40 卷
第 1136 號，1862 年 4 月 5 日，339 頁

英國動物學會「鸚鵡房」內的中國喜鵲

　　倫敦攝政公園內動物學會花園的東北部有一棟建築被稱為「鸚鵡房」，目前除了它的合法居住者（即一群叫聲嘈雜、種類繁多的鸚鵡）之外，還

有幾種其他的外國鳥類，後者非常罕見，而且羽毛很漂亮。在這些外國鳥類中，有一種拉丁語學名為 Urocissasinensis 的中國喜鵲。雖然透過博物館的標本為人們所熟知，而且還是許多中國畫所描繪的對象，但以前在英國很少見到這種活鳥。本期插圖中所描繪的這種鳥，在幾個月前剛來到英國時，因受到長途航運，且鳥籠空間過於狹小的影響，其羽毛的情況很糟糕。但自從在動物學會花園的大鳥籠裡放養之後，喜鵲很快就恢復過來，目前它的羽毛極其完美漂亮。它的習性活潑好動，加上紅色的鳥喙和色澤豔麗的羽毛，是一種非常吸引人的鳥類。

在自然狀態下，中國喜鵲是在歐洲人經常去的那些中國口岸城市周邊地區很常見的一種鳥類。斯文豪（Robert Swinhoe）在由斯克萊特博士編輯的《聖鸝》雜誌上發表一篇題為《中國鳥類學札記》的文章中是這樣描述喜鵲的：

這些漂亮的鳥在香港周圍的樹林中經常能夠見到。你會看到一大群尾巴很長的鳥從低矮的樹頂上直飛而過，這些鳥的翅膀擺動的幅度不大，但就像喜鵲那樣是在不斷地擺動，飛行時鳥尾和鳥身形成一條直線。頭一隻鳥鑽進枝葉繁茂的大樹不見身影之後，第二、第三、第四隻鳥或有時甚至更多的鳥都會重複同樣的動作。過了一會兒，有一隻鳥出現在大樹上部一處沒有遮蔽的地方，伸出有紅色鳥喙的頭部，去梳理尾部兩根頂部為白色的長羽毛。當它發現有人在盯著它看時，便立即發出一聲尖叫，緊接著就是一連串響亮的嘰嘰喳喳聲，其他喜鵲也都加入了進來。當它們從一棵樹到另一棵樹來回飛速穿行時，你只見得眼前一片淡紫色和藍色，直至遠處傳來的尖叫聲告訴你的耳朵，這群「紅腿的」喜鵲已經穿過這片樹林。

1862

THE ILLUSTRATED
LONDON NEWS

中國長城的一個區段
(Part of the Great Wall of China)

1862
《倫敦新聞畫報》第 40 卷，第 1145 號
1862 年 6 月 7 日，第 571 頁

PORTION OF THE GREAT WALL OF CHINA, SHOWING THE PASS OF SHA-PO-YU

沙坡峪關，中國長城的一個區段

　　眾所周知，長城這個龐大的堡壘在整個華北邊疆和部分大西北邊疆的高山峽谷上盤旋逶迤，展延 1,000 多英里。雖然早已年久失修，且在很多地方都成了殘留的廢墟，但是在某些區段卻依舊如新，就像 2,000 年前剛建完時那樣。本報關於中國長城某一區段的版畫插圖是根據第 31 步兵團財務主管亞當斯上尉最近在長城北面遙望遵化西北 10 英里處的沙坡峪關時所畫的一張速寫而繪製的。長城這一關隘的特殊之處就在於它的建造者們似乎全然不顧當地懸崖峭壁的自然屏障可以抵禦來自北面的攻擊，因為

從插圖中人們可以看到長城翻越了 2,000 英尺高的最高峰。在高聳的長方形巨石上建造階梯形的城牆，其付出的勞力是難以計數的。這個關隘的城牆大部分是用城磚砌成的，每一塊城磚長 15 英寸，寬 8 英寸，厚 4 英寸，它們肯定是由苦力們從很遠的地方搬運過來的。這個關隘的城牆，以及沙坡峪關以東 8 英里處羅文峪城牆的平均尺寸都是 20 英尺高，14 英尺寬。所有的城牆上都建有雙層雉堞，而且每隔一段不等的距離，在每一個拐彎之處，以及在每一個長城經過的山頭上，都會建有一個高約 20 英尺的烽火臺。

1863

THE ILLUSTRATED
LONDON NEWS

關於中國內戰的插圖說明—清軍攻打奉化
(Illustrations of the Civil War in China: Imperialist Expedition to Fungwha)

Feb. 7, 1863

《倫敦新聞畫報》第 42 卷，第 1194 號
1863 年 2 月 7 日，136 ～ 137、150 頁

THE CIVIL WAR IN CHINA : EXPEDITION OF IMPERIALISTS, HEADED BY BRITISH OFFICERS, TO FUNGWHA—LANDING AT FANGCHOW BRIDGE, THE SCENE OF SLAUGHTER AND DESTRUCTION BY THE REBELS.—SEE SUPPLEMENT, PAGE 150.

一支由華爾「常勝軍」和英軍聯合組成的遠征軍在奉化大橋處登陸

　　本報最近一期刊登了清軍攻占寧波周邊的奉化和嘉定這兩個城市的消息。停泊在寧波的英國皇家海軍軍艦「交戰號」上的 A.D. 麥克阿瑟先生很客氣地將一些跟攻打奉化有關的速寫提供給我們，我們從中挑選了兩張：一張是關於清軍在奉化大橋登陸的情況；另一張是奉化全景圖，該速寫是在轟炸奉化那天，從奉化城東門外的牌坊處畫的。麥克阿瑟先生還提供了

以下對於這次戰役的具體描述：

「交戰號」軍艦，1862 年 11 月 4 日

　　寧波西部的鄉村在過去很長一段時間裡一直騷亂不斷。奉化城已
經陷落，有謠傳說太平軍將要派遣大軍前來攻打寧波。村民們紛紛外
出逃難，而且他們的恐慌並非捕風捉影，因爲太平軍很快就出現在了
寧波的周邊地區，一路上燒殺擄掠，無惡不作。難民們成群結隊地擁
向甬江邊，試圖渡江去租界避難，將自己的家園留給了殘酷無情的強
盜。恐慌已經傳播到了寧波城內，成群的難民已經逃往上海。寧波城
內的清軍已經做好了一切準備，太平軍一旦進攻，就會受到頑強的抵
抗。但是在經過偵察，發現接近城牆要冒極大的危險，而且有些騎兵
被城牆上的火力擊傷之後，太平軍撤退了，並最終退回了奉化城。有
必要將他們從奉化城趕走，因爲稻穀已經成熟，很快就要收割，太平
軍所占據的位置使他們能在冬季的任何時間都能對寧波構成威脅。因
此清軍便組建了以下攻打奉化的遠征軍：由法爾斯德上校率領的 1,000
名華爾「常勝軍」中國士兵、由「常勝軍」士兵操縱的 2 門美國野戰
炮、來自「交戰號」和「斯芬克司號」軍艦，作爲援軍的持輕武器的英
軍水兵和海軍陸戰隊，以及由「交戰號」和「斯芬克司號」士兵操縱的
3 門榴彈炮。遠征軍是在 10 月 8 日早上 9 點從寧波出發的，當時的氣
候非常惡劣，下著大雨，寒氣逼人。由丟樂德克艦長指揮的「剛毅號」
炮艦爲遠征軍領路。該艦的桅杆事先已經被取掉，因爲根本就不知道
奉化第一座石拱橋的橋洞高度是多少。跟隨在「剛毅號」後面的是「噴
火者號」、法軍輪船「德魯萊德號」和中國輪船「孔子號」，這三艘都
是運送軍隊、彈藥等物品的拖船。當我們溯奉化江而上時，可以清楚
地看到太平軍進逼的跡象。江中被水泡腫的屍體隨著潮水從船舷邊流
過，還有屍體在江岸邊腐爛發臭，成爲在村莊裡亂竄的那些野狗撕咬
搶奪的臭肉。岸上很少能見到其他生命的跡象——偶爾有一個村民像

1863

孤魂般地站立在村莊房屋中間，用冷漠的目光注視著我們的炮艦快速經過。中午時分，我們到達了奉化大橋。自從上次見到它，橋邊的景象已經面目全非。房屋都已經被燒毀和搶劫一空，還有一百多具村民的屍體堆成了一座小山，他們的罪行就是拒絕爲那些失去人性的惡魔用扁擔運送那些從他們自己家中掠奪來的財物。登陸行動是在急風暴雨中進行的，運載大炮和其他物資的那些船在一條與大路平行的小河中行駛。爲了使這些船通過那條河上的橋洞，我們浪費了一些時間，其中有一座橋不得不被拆掉。這些橋就是用搭在橋墩上的一些長石板建成的，因此橋下留出的空間很小。大約下午 4:30 時，我們又回到了奉化江上。我們後來得知，這條小運河使我們少繞了很長的一段彎路。下午 5:30，我們到達了一個叫做南頭（Nantor）的大地方。遠征軍就在那裡停下來宿營過夜。常勝軍的士兵們很快就在當地人的家裡駐紮了下來。那裡剩下的當地人只有 6 位無助的老人，就連太平軍都認爲不值得在他們身上多費工夫。天黑的時候，來自「交戰號」和「斯芬克司號」的英國士兵們在一座名爲「樂舞廟」（The Temple of Mirthand Dancing）的大寺廟裡住了下來。很快院裡就燃起了一個大篝火，人們把被水打溼的毯子和衣服圍著篝火掛起來烘乾。軍官們占據了院子末端的一個戲臺，那裡在過去的鼎盛時期肯定見證過許多敲鑼打鼓、服裝華麗的演員。院子兩邊有觀戲臺，院子的前面有一個設有抱鼓石和佛龕的廟堂。英國人就不拘小節地坐在那個廟堂內的佛龕上，大嚼起鹹肉和麵包來。對我們來說，行動並不遲緩，盛放啤酒和其他必需品的箱子很快就從船裡搬了上來，並被打開。但是太可惜了！有六個啤酒瓶打破了，麵包和肉都浸透了啤酒，但我們有足夠的食物，誰還能想到明天呢。就這樣，在吃飽肚子之後，人們又點起了雪茄菸，盡可能地享受當下的美好時光。在院子中央燃起的大篝火照亮了整個院子的每個角落。大家不斷地向篝火上添加柴火，或站在篝火旁取暖。那寺廟建築的奇怪特徵和雕梁畫棟在篝火的映照下，顏色變得更加通紅，此情此景需要有一位比我更好的畫家才能夠描繪得出來。第二天

早上 8 點，整支遠征軍又重新出發。「常勝軍」的士兵繼續行軍，英國水兵們則為船隻護航。在南頭有一座很特別的廊橋，橋墩是未經雕琢的大方石塊，橋的一側是封閉的，裡面有不少佛龕和為旅人準備的石凳。河岸邊有茂密的樹林，那些枝葉繁茂的大樹不僅能為河道遮蔭，而也為這座龐大的古橋構成了一道美麗的風景線。這裡的河水非常清澈，土地也很肥沃，棉花地裡的棉花花蕾飽滿，正等待採摘。然而船隻的行進都很緩慢，有許多河段的河水只有幾英寸深，而且在每一個河道拐彎處都有沙洲。船隻在這些地方都是靠生拉硬拽地拖或抬過去的。到了早上 10 點，我們終於看到了奉化城。有幾面色彩鮮豔的旗幟在微風中飄揚，在遠處駐紮著一大群清軍綠營的烏合之眾，他們是從寧波開拔過來，剛到達這裡不久。奉化城是一個地形狹長的城市，房屋零散和坐落在山腳下一片平原上，城市周圍布滿了墳塋和土丘。這個地形為華爾洋槍隊隊員們提供了隱蔽之處。在東面大約 600 碼之外，奉化江的清澈江水嘩嘩地流淌著，江上還有一座石板橋。這條江把奉化城與東面的那座山分割了開來，在那條江與山巒之間是一片廣袤的平原，都被開發為水稻田和其他農地，而且還布滿了縱橫交錯的人工運河。奉化城的東面城牆總共只有 400 碼長。城門位於城牆的中央。有一條用石頭鋪就的路從一個寶塔處通向東城門，在這條路上建造了兩個精雕細琢的石牌坊。第一座牌坊離城牆有 200 碼的距離，第二座牌坊離城牆只有 50 碼的距離。在城牆東北角外面的郊區有一個很大的寺廟，後者離城牆約有 600 碼的距離，它被選作了遠征軍的司令部。遠征軍的全體成員在那裡集合完畢之後，便開始去吃晚餐。這座寺廟叫做「郭家祠堂」（The Ancestral Hall of the Kirr Family）。在二樓房間裡一個很長的櫃子裡放滿了層層疊疊、約 12 英寸長的祖宗神主牌位，上面刻有郭家祖上各個成員的名字，這些人的骨頭早已經化為了泥土。這些神主牌位在「蠻夷」們的手中並沒有受到應有的尊重。它們被隨意地拿來扔進火堆，用來燒水。當大炮被運上岸之後，士兵們已經吃飽了飯，英軍的榴彈炮也已經做好了向東城門進行炮擊的準備。

1863

有 400 名「常勝軍」的士兵作爲突擊隊員，而持輕武器的英國水兵和海軍陸戰隊則作爲後備隊。清軍的士兵們繞過城市，被派往西山，而丟樂德克帶著兩門美國製造的大炮和大約 500 名士兵，包括來自「孔子號」炮艦的馬尼拉士兵們 —— 後者由林區艦長指揮，繞到了北城門，準備在那裡發起攻擊。

下午 2 點，大炮被架設在通向東城門那條路上的第一個石牌坊下面，並向城牆開火。城牆上的太平軍也用一門大炮和毛瑟槍進行了猛烈的反擊。突擊隊和後備隊都隱藏在寶塔的後面，等待著總攻那一刻的到來。城門兩邊城牆上的雉堞於下午 3:30 被轟塌，「常勝軍」的突擊隊隊員們隨即向前推進，大炮也被前移到了第二座石牌坊。當突擊隊試圖穿越城壕上的那座被樹陰所覆蓋的橋時，密集的臭彈、火球、炸藥包和毛瑟槍排射從城牆上傾瀉而下。扛雲梯的士兵們紛紛倒下，「常勝軍」隊員們被迫撤退到了墳塋的後面進行隱蔽，無法向前推進。瓊斯海軍中校受命率領 20 名士兵過橋對城門發起攻擊，他們冒著跟先前突擊隊所經受的同樣密集的火力攻擊，衝到了城門的圓拱形門洞裡。無論敵人如何扔火球、點燃的炸藥包和其他飛彈，都無法將他們從那裡趕走。雖然英國軍官們已經把雲梯放在了城牆根上，但是那些「常勝軍」突擊隊隊員們卻怎麼也不敢再發起攻擊了。對北城門發起的進攻因缺乏雲梯而失敗。到了下午 5 點，夜幕開始降臨，我們的人和大炮都撤了下來。英軍的損失是有兩名軍官和 20 名士兵受傷，「常勝軍」的士兵們留下來守衛寶塔和通向城門的道路，他們的傷亡也很大。

由於幾乎所有的彈藥都已經用完，一名傳令兵被派往停泊在河邊的炮艦，去要求支援更多的彈藥和炸藥桶，用以炸開城門，因爲英軍發現城門的後面堆有不少沉重的石獅子。那天晚上，敵人在忙碌地加固城牆上的防禦設施和修補被遠征軍大炮撕開的裂口。

遠征軍在奉化東城門外架設起大炮，向城門轟擊

第二天早上9點，據報有一支太平軍的增援部隊從東面向奉化城開來，當我們趕到橋邊時，發現這支援軍的先遣隊已經在河的對面停了下來，而在他們身後的平原和山巒上，到處都能見到太平軍的旗幟。他們的兵力至少有6,000人，而且顯然正不知所措，因為奉化江上的橋被華爾的「常勝軍」所佔領。奉化城裡的太平軍在城牆上插了大量的旗幟，以便在開闊地上的友軍能夠看見他們，並且一有機會就用毛瑟槍向清軍和英軍放冷槍。英軍持輕武器的水兵們現在替換下了守橋的「常勝軍」士兵，並且派出了一支隊伍去攻擊平原上的起義者，並將他們趕回山裡。這樣太平軍的部隊就被分割成了三個部分：一部分在最右邊，一部分在左邊，另部分在位於中間的山上。城裡的太平軍試圖從南門突圍，以便與右翼的太平軍會合。由「常勝軍」士兵和「交戰號」海軍陸戰隊隊員們所組成的一支部隊被派出去攔截他們。與

1863

此同時，丟樂德克艦長帶著一門大炮和法爾斯德上校率領 500 名士兵分別去攻擊中間和左翼的敵人。兩翼的敵人在經受了慘重損失後都被趕回了城裡，他們逃跑的路上到處都是各式各樣搶來的物品：炸藥、稻米、茶葉、菸葉、油等等，約有 1,000 名被迫爲敵人運送搶來物品的鄉民被釋放。他們幾乎所有人的前額和臉頰上都烙著「太平天國」等字樣，意爲「所有人都能得到和平的天國」。然而起義者的「和平」概念究竟是什麼我們不得而知，因爲在他們的生活中並沒有多少和平。

新補充的彈藥到達之後，丟樂德克艦長想率領持輕武器的英國水兵們在第二天拂曉時分對東城門發起突襲。但是在凌晨 1:30 時，一名清軍的傳令倫敦兵將我們大家叫醒，並且告訴我們，從城裡的一片死寂和四下燃起的大火來判斷，太平軍起義者已經全部從城裡撤走，儘管更夫仍然在敲著梆子，城門上似乎仍有哨兵在把守。我們未遇上任何困難就登上了東城門處的城牆，而且在「常勝軍」精銳部隊的引導下，向西城門的方向包抄過去。在經過南城門處的城牆（那裡顯然是太平軍突圍的地方）時，遇上了一名被太平軍所遺棄的傷兵，並將他押回了東城門處。在城牆上，那些太平軍用過的鋪蓋、地毯和蚊帳還原封不動地放在那裡，甚至還有飯菜。城牆用石頭和瓦片進行了加固，太平軍還使用了大量裝滿稻米的籃筐來修築防禦工事，因爲城裡有充足的稻米存量。城裡除了稻米之外，什麼也沒有留下，就像被清掃過一樣。那些想劫掠的士兵什麼也沒有找到。

華爾的「常勝軍」立即接管了城市的守衛工作，奉化城已經被攻克。英軍於第二天回到了寧波。

上海速寫：城隍廟茶館、常勝軍
(Sketches in Shanghai: Teahouse, Chinese Soldiers with Foreign Officer)

1863

《倫敦新聞畫報》第 43 卷，第 1220 號
1863 年 8 月 20 日，225 ～ 226 頁

城隍廟茶館

本期所發表的上海城隍廟茶館插圖是根據在上海居住的一位英國人桑德斯先生的照片繪製的。這個茶館最近被駐紮在上海的法國軍隊所占領，並且改成了兵營。

上海城隍廟茶館

常勝軍

第二張插圖所描繪的是一組紀律嚴明的中國士兵以及他們的外國軍官。他們是由歐洲人率領，在與太平軍作戰中屢屢獲勝的常勝軍。他們令人信服地證明，只要領導得當，中國人也能夠成為紀律嚴明和勇敢殺敵的好士兵。

GROUP OF DISCIPLINED CHINESE SOLDIERS WITH EUROPEAN OFFICER.

在與太平軍作戰中屢戰屢勝的常勝軍官兵

1864

THE ILLUSTRATED
LONDON NEWS

中國商人在俄國中部下諾夫哥羅德市的年度商品交易會上
(Chinese Merchant at the Great Annual Fair in Nijni Novgorod, Central Russia)

Jan. 2, 1864

《倫敦新聞畫報》第 44 卷，第 1239 號
1864 年 1 月 2 日，17 頁

俄國中部下諾夫哥羅德市的年度商品交易會

下諾夫哥羅德的商品交易會

　　雖然我們的讀者很少有人親眼見過，但大多數人都曾經讀到過或聽說過，在俄國中部下諾夫哥羅德每年舉行一次盛大的國際商品交易會。這個城市作為諾夫哥羅德的首府，坐落在奧卡河和窩瓦河的交匯之處。平時這個城市有 3 萬常住居民，但是在每年秋季為期 8 星期的商品交易會期間，

會有來自世界各地的 30 萬人湧入這裡。由於該城正好處於各歐洲技藝中心和亞洲產品中心之間，所以它特別適合用來舉辦一年一度的商品交易會。此地運送貨物的交通設施近年來有所增加，因此交易會的準備工作進行得比以前更加順利。

　　本期所附的一張插圖是一位去年參加了下諾夫哥羅德商品交易會的人親手畫的速寫。「一切，」他說，「似乎都可以在下諾夫哥羅德買到——茶葉和絲帶、裘皮和水果、道具和香料。說真的，有些商舖門口所掛的那種宣稱出售『手槍、藥片和果醬』的天方夜譚般的廣告牌並沒有誤導那些潛在的顧客。」在前面那張插圖的中央，我們可以看到一位韃靼富商對沒完沒了的討價還價感到厭煩，正準備用一口價來完成交易。可是他這一值得讚賞的舉動卻被一位喜歡飲茶的狡猾的大鬍子俄國商人所挫敗，後者聳聳肩膀，一本正經地宣稱自己無疑是在將貨物作為禮物饋贈「老爹」。可這話在場的人誰也不信，此時有一位高貴而瘦削的亞美尼亞商人正轉身昂首離去，他誠實的良心容不得自己成為這爾虞我詐的團夥成員之一。一位中國商人也在下諾夫哥羅德的這個各國商人圈子中唾沫四濺地參與議價。插圖中所描繪的怪異顧客之一正作為旁觀者安靜地聽其他人討價還價；正在搬箱子的那名壯漢是一個普通的韃靼人，他在下諾夫哥羅德做搬運工。他們都是些肌肉發達、皮膚呈古銅色的壯漢，黑髮都理得很短，子彈狀的腦袋上緊緊地扣著色澤鮮豔的或用金線刺繡的俄式無檐便帽。窮人往往會戴一頂白帽，而富人則會戴裘皮帽，這在夏季可算得上是一件奢侈品。圖右挂拐杖的那個人物也許是一個俄國的乞丐，他沒戴帽子，蓬頭亂髮，亂髮遮住了他那張令人生厭的臉。他那件為抵禦毒辣的陽光而裹在衰老身軀上的羊皮襖汙穢不堪，油膩發亮。在插圖的背景中有兩位正在巡邏的哥薩克騎兵，他們的職責是維持商品交易會的秩序，這項工作他們只是做做樣子，以維持良心的平衡。哥薩克人的馬小而精幹，是很聰明的動物，它們長長的鬃毛經常可以碰到膝蓋，使它們看起來特別狂野。在插圖的左邊有一個用薄頭巾包住頭的韃靼婦女，她身穿民族服裝，短而束腰，用裘皮鑲

邊，衣服裡面墊著厚厚的棉絮，下襬部分有褶邊，而且向外突出，顯得很誇張。在有些人看來，參加下諾夫哥羅德的商品交易會是訪問俄國的唯一目標。從穆羅姆出發，經過 24 小時的旅行，就可以使來訪的陌生人看到諾夫哥羅德的白色牆壁和藍色圓屋頂。商品交易會是在秋季召開的，這個季節的天氣通常都很好，所以令人困擾的不是泥濘，而是塵土。但萬一真的下了雨，那麼旅行者前往下諾夫哥羅德的最後 9 英里就完全陷在深深的泥濘裡了。有一位旅行者宣稱，他花了 5 個小時才走完了最後 5 英里的路程。這是因為所有的英式馬車、俄式馬車等各式各樣的四輪馬車全都從四面八方匯集到了這個城市。外來的陌生人只要看到長排的車隊，就知道快要到下諾夫哥羅德了。行使警察職責的哥薩克騎兵們就住在路邊的簡易帳篷裡，他們的長矛在樹叢裡閃耀，顯而易見他們的人數很多。一群群的俄國人和身穿樣式獨特、色彩斑斕衣服的東亞人變得越來越多，直至到了下諾夫哥羅德城裡之後，洶湧的人潮更是前所未見。

這個商品交易會以前是在韃靼人的首府喀山舉辦的，後來遷到了下諾夫哥羅德以南大約 50 英里的馬卡李維一位貴族的莊園地界。再往後，也就是到了 1817 年，這個莊園因某種原因被沙皇罰沒，沙皇亞歷山大一世遂將這個商品交易會的地址移到了下諾夫哥羅德。俄國人仍習慣於稱它為馬卡李維商品交易會或聖馬卡里烏斯商品交易會。

THE ILLUSTRATED
LONDON NEWS

中國的太平軍「叛亂」
(The Taiping Rebellion in China)

1864
《倫敦新聞畫報》第 44 卷，第 1249 號
1864 年 3 月 12 日，261、264 ～ 266 頁

　　本期我們刊登了 8 幅根據照片繪製的版畫插圖，描繪中國的蘇州城是
如何被由戈登少校指揮的清軍所收復的，以及隨後於去年 11 月底所剿滅的
太平天國和起義者首領。這些照片是上海的 W. 桑德斯先生給我們寄來的，
由於在上星期五晚上的下議院辯論中人們又被提請注意這些事件，所以我
們在下面簡要敘述一下這些事件發生的經過。

　　在以往好多年裡，中國揚子江以南和以東，甚至就連上海港的附近地
區，都被太平軍所占領。倘若沒有歐洲軍隊的保護，上海肯定也被他們給
一口吞併了。由布朗少將所率領的英國軍隊最近已在上海附近布下防線，
以防止中國內戰的炮火過於靠近這塊英國商人的重要殖民地。與此同時，
英國陸軍和海軍人員都被允許加入清軍，以便幫助後者鎮壓「叛亂」。透
過英國皇家工兵軍團一位軍官（即戈登少校）的努力，一個人數雖少，但
組織嚴密的華人「洋槍隊」被組建起來，接受了歐式的訓練，其總部就設
在崑山，這張插圖就是根據去年 12 月所拍攝的一張照片繪製的。

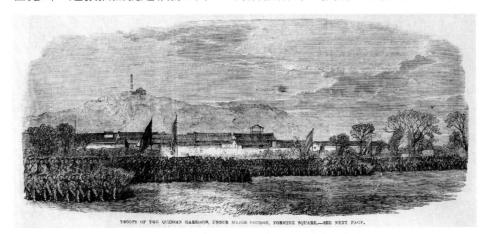

TROOPS OF THE QUINSAN GARRISON, UNDER MAJOR GORDON, FORMING SQUARE.—SEE NEXT PAGE.

由戈登少校率領的崑山洋槍隊在操練方陣隊形

　　在該圖中我們看到一群中國正規軍的步兵正在進行走方陣的操練。崑
山洋槍隊總共招募了 3,000 人。他們的軍營後面，即我們在圖片背景中所
見的那座 600 英尺高，形狀有點特別的石頭小山就是崑山。這裡的街道就
像離上海更近 50 英里的另一個城市松江的街道一樣，現在已經沒有人居

1864

住。實際上，它們已經成了一片廢墟。自從它們在兩三年前被太平軍起義者摧毀之後，沒有人願意出錢去修繕它們。在那些變得荒蕪的開闊平原上人就更少了，崑山周邊的一些田地又重新長出了植物。那些以前有人勤勞耕種並收穫糧食的田地現在完全被野草和灌木叢所覆蓋，成了野雞和其他動物的掩蔽所。京杭大運河沿岸的村莊現已空無一人，橋梁坍塌，堤岸毀壞，使揚子江的水湧進了一些大窪地和湖泊。離崑山西南 20 英里的蘇州城近來已經成為太平軍在江蘇省的一個堡壘，由太平軍的諸王或先知手下的副手們進行統治。據信那位先知的神授權力似乎是諸王的四五倍。統治蘇州的有納王、勤王、慕王，還有一兩個其他的王。在崑山與蘇州之間有一條水道跟京杭大運河交匯，另外還有幾條河跟它合流。但是太平軍在河上建了一條水壩，並且經常在堤岸上建土壘的要塞和柵欄營寨，還在橋梁上修築了防禦工事。所以清軍要想進攻蘇州也得費很大的勁，流不少血。在某一個地方，戈登少校透過修建一條軍事通道，用這一策略讓自己軍隊繞過了這些障礙。洋槍隊向蘇州的進軍得到了瓊斯海軍上校指揮的「扎特利號」鐵甲船和京杭大運河上一些炮艦的支持。這些軍艦上的炮火，再加上陸地上的野戰炮，很快就把敵人從這些柵欄營寨裡趕走了，雙方死傷人數都不多，並將軍隊一直推進到了蘇州城的城門底下。當時包圍蘇州的清軍除了戈登少校的洋槍隊之外，還有江蘇巡撫李鴻章率領的一支大軍。那艘鐵甲船就隱藏在西門外郊區的一條運河上，而其他幾艘炮艦則看守著通向蘇州的每一條河流。11 月 27 日晚上，由柯卡姆少校率領的第 2 和第 4 步兵團向蘇州東北門前面的那四個柵欄營寨和防禦工事發動了進攻。根據虛假的情報，英軍以為太平軍習慣於在晚上偷偷地擅離職守，回到城牆下去睡覺。但這被證明是個錯誤：太平軍用毀滅性的炮火擊退了英軍的進攻，打死了懷利少校、克里斯蒂少校、霍德森少校、金中尉、厄普肖特二等兵和 40 名中國兵勇，還傷了 4 名軍官和 60 名士兵，柯卡姆少校本人頭上受了極其危險的重傷。這次失利在第二天就被翻了盤，戈登少校率領他手下的幾乎全部 1,800 名士兵，在炮兵的支援下，經過頑強的戰鬥，首先是摧毀了橋上的防禦工事，然後又靠拼刺刀攻克了第一個和第二個柵欄營寨。

接著另外兩個柵欄營寨和城門前面的開闊地也被拿下來了。英軍從太平軍那裡繳獲了兩門用 24 磅炮彈的大炮和一些口徑更小的火炮。清軍的損失是 13 位軍官受傷，包括布倫南上校和塔普少校，還有 700 名中國人傷亡。

ENTRANCE TO CHING-WANG'S TENT, SOO-CHOW.

蘇州勤王府營寨的入口

　　本期的插圖可以讓讀者看到這些柵欄營寨的樣子，儘管這些版畫所依據的照片是在蘇州城另一個地方拍攝的，太平軍的諸王最終就是在那裡被處死的。在營寨裡我們可以看到士兵們住的帳篷。

　　從城牆上俯瞰運河的景象也可以在插圖中看到。在 11 月 28 日的戰鬥之後，太平軍失去了高昂的士氣，軍隊中出現了意見分歧。城裡有一部分人否認諸王的權威，擅自與巡撫展開了談判，他們根據巡撫透過戈登少校所提供的保證，即絕不造成不必要的流血，於 12 月 5 日向清軍投降。

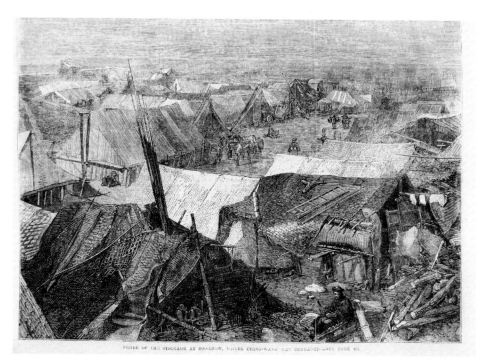

INSIDE OF THE STOCKADE AT SOO-CHOW, WHERE CHING-WANG WAS BEHEADED.—SEE PAGE 95.

蘇州勤王府營寨柵欄內部，勤王就是在那裡被砍頭的

OUTSIDE OF THE STOCKADE WHERE CHING-WANG WAS BEHEADED.

在勤王被砍頭的營寨柵欄外面

在蘇州城的城牆內部

　　令人感到極其遺憾的是，一個由英國軍官所做出的保證，卻卑鄙地被巡撫所違背了。由於對太平軍諸王所受到的懲罰不滿 —— 後者被抓起來砍了頭，其中慕王是被自己的手下所殺的 —— 清政府讓清軍對手無寸鐵的蘇州居民大開殺戒，劫掠民舍，並且屠殺了數百上千的男人、女人和兒童。當大屠殺開始的時候，戈登少校仍在城外。一聽說此事，他馬上召集起自己的人馬，在維根斯坦伯爵和其他歐洲人的陪伴下，急忙進城制止屠殺。此時巡撫已經躲進了剛被清空的勤王府。

　　第 532 頁的插圖描繪了勤王府的大門，另一張前面插圖描繪勤王府的正義殿，勤王過去經常在此議政，就像巡撫現在所做的那樣，在此過堂斷案。幸好巡撫設法躲進了勤王府的深宅大院，沒讓憤怒的英國人在進入蘇州城那天找到他，因為假如戈登少校能夠找到他的話，我們有理由相信，巡撫將為他的殘暴和陰險而得到最嚴厲的懲罰。在華的所有英國人都認為，戈登少校完全有理由將江蘇巡撫當場絞死。當這消息傳到上海的時候，所有的外國領事館成員都聚集在英國領事館裡開會，美國領事主持了

會議，布朗少將也參加了會議。大家一致透過決議，譴責巡撫所犯下的暴行，並宣稱這件事完全剝奪了歐洲和其他文明國家對於清政府的同情。這件事所引起的醜聞和憤慨可能會使英國軍官退出清軍。戈登少校已經帶著他的正規軍回到了崑山，但是拒絕再跟巡撫合作。人們認為，光是這一事件就會使清軍難以攻下杭州。至於南京，英國議會星期五所做出的解釋已經表明了英國政府內閣部長們對於它的看法。

ENTRANCE TO THE HALL OF JUSTICE, CHING-WANG'S PALACE, SOO-CHOW.

蘇州勤王府正義殿的大門

ENTRANCE TO CHING-WANG'S PALACE, SOO-CHOW.

蘇州勤王府的大門

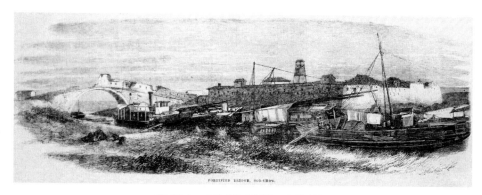

蘇州城一座修築了防禦工事的橋梁

THE ILLUSTRATED
LONDON NEWS

北京英國公使館的警衛
(The Guards at the British Embassy in Pekin)

1864

《倫敦新聞畫報》第 44 卷，第 1249 號
1864 年 3 月 12 日，255～256 頁

　　我們刊登了一幅根據約翰和查爾斯·沃特金斯的照片所繪製的版畫插圖。我們在插圖中看到作為服裝模特兒的那些人是從倫敦警察總局中挑選出來，經內務部長批准，即將護送英國駐華公使前往中國的衛兵，並將留在那裡擔任英國公使館的警衛。他們已經在上個月 20 號離開倫敦，從陸路前往中國。為他們所挑選的普通制服是藍色的緊身短上衣配猩紅色包邊，覆蓋著白色細斜紋布的軟木頭盔，頭盔上飾有金屬牌和皇家紋章，以及藍色的長大衣配猩紅色側邊縫口。夏裝是白色的細斜紋布緊身短上衣，配猩紅色包邊，還有早晚穿著的絨布軍服。作為冬裝，這些人還有斗篷、羊皮外衣和厚靴子。他們的武器裝備是佩劍和左輪手槍。插圖中所展示的不同軍服，它們從左到右依次是：

1. 包括頭盔在內的全套軍服。
2. 在軍艦上穿的軍服。
3. 夏天的軍服（白天穿）。
4. 冬天的騎兵服裝（不包括斗篷）。
5. 有軍便帽的全套軍服。
6. 巡邏時穿的軍服。
7. 冬天的軍服（步兵）。

英國駐京公使館的衛兵

THE ILLUSTRATED
LONDON NEWS

阿禮國出任駐日大使後回到日本
(Rutherford Alcock Returned to Japan after being Made a Minister)

1864

《倫敦新聞畫報》第 44 卷，第 1261 號
1864 年 5 月 28 日，519 ～ 520 頁

英國駐日本公使阿禮國在橫濱上岸時所舉行的特別儀式

　　下一頁有根據本報特派畫家沃格曼先生的速寫而繪製的版畫插圖，描繪英國駐日本全權大使阿禮國爵士乘坐「百眼巨人號」（Argus）輪船於 3 月 2 日從英國回到日本。我們從插圖中可以看到護送他回日本的英國皇家陸軍第 20 軍團，由阿普林上尉指揮的一支分隊和部分騎兵。這些來自中國上海的英國士兵是肩負英國駐日本公使的警衛任務的，他們現在已經回

到了上海。阿禮國爵士認為要獲得日本政府和人民的尊敬，並不需要炫耀武力。

THE ILLUSTRATED
LONDON NEWS

阿禮國爵士
(Sir Rutherford Alcock)

1864
《倫敦新聞畫報》，第 45 卷，第 1270 號
1864 年 7 月 23 日增刊，97 頁

日本向英國開放貿易是過去十年來最有實效的成就。這在很大程度上要歸功於阿禮國爵士的努力。他起初只是駐下田的英國領事，現為英國駐日本大君皇宮的全權大使。謝拉德·奧斯本在他那本娓娓道來的小書《日本雜憶》中講述了發生在 1853 年的事件。當時，由佩裡海軍準將指揮的美國海軍中隊極大地震撼了日本的統治者，迫使他們不得不同意讓外國船隻在函館和下田港口停泊，然而對外國的商業貿易仍加以嚴格的限制。據信是美國領事哈里斯先生和英國領事阿禮國先生在 1858 年額爾金勛爵訪日之前終於使日本官方消除了敵意，並為簽訂國際條約鋪平了道路。阿禮國先生去年回國渡假時被授予爵位，同時被任命為駐日大使。他最近已經回到了日本。兩個月以前我們刊登了一幅根據本報畫家速寫繪製的版畫插圖，描繪了他在長崎上岸時所舉行的歡迎儀式。本期中刊登的肖像畫是根據住在橫濱的貝阿托先生的一張照片繪製的。

SIR RUTHERFORD ALCOCK, K.C.B., OUR ENVOY PLENIPOTENTIARY IN JAPAN. FROM A PHOTOGRAPH BY F. BEATO, OF YOKOHAMA.

英國駐日本全權公使阿禮國 —— 根據橫濱貝阿托的照片繪製

THE ILLUSTRATED
LONDON NEWS

中國的太平天國戰爭
(The Taeping War in China)

1864
《倫敦新聞畫報》第 45 卷，第 1285 號
1864 年 10 月 29 日，432 ～ 433，436 ～ 437 頁

清軍官員和士兵的服裝

　　根據從中國傳來的最新消息，清軍占領湖州後隨即向鄰近的南京前進，似乎已經準備為鎮壓太平軍的「叛亂」發出最後一擊。太平軍在大清帝國的廣闊國土上已經肆虐了 12 至 14 年。我們在本期所發表的三幅插圖都是根據 F. L. 貝德韋爾先生的速寫而繪製的版畫。前兩幅插圖分別展示了清軍和太平軍官員特有的服裝，以及雙方士兵的制服。在有關清軍的那幅

1864

插圖中，我們可以看到幾位官員的形象，他們的官銜級別是由他們官帽上的頂戴顏色所決定的。除了一些重要場合之外，他們平時穿著的服裝整潔而樸素，與太平軍首領們俗豔而花哨的服裝相比要好看得多。圖中那位穿著怪異的士兵屬於綠營軍中的所謂「虎軍」，其士兵的制服是直接模仿猛獸老虎皮的。每一位士兵都配有一個盾牌，盾牌上畫有一個可怕的妖怪嘴臉。這個看上去如此怪異的兵種，其功能就是為了用狂野的外表、吶喊和手勢來嚇唬敵人。

COSTUMES OF TAEPING OFFICERS AND SOLDIERS.—SEE PAGE 436.

太平軍首領和士兵的服裝

在第二幅描繪太平軍服裝的版畫中，我們可以看到這些起義者的一個特點，就是他們可以蓄長髮，而不是像那些效忠皇帝的大清良民那樣全都只是在腦後留一根長辮。太平軍中的所有小首領全都稱王，他們通常穿黃色、紅色和紫色的長袍。他們的頭飾是用彩色紙製作的，上面有一些金屬

箔片飾品。就連太平軍的一些低級軍官也會盡可能地用一些彩色飾品來打扮自己。在他們的身後就是著名的報恩寺瓷塔廢墟。

THE TAEPING WAR IN CHINA: PALACE OF THE TAEPING WANG AT NANKIN, LATELY CAPTURED BY THE IMPERIAL FORCES.—SEE PAGE 250.

南京的天王府最近被清軍占領

　　第三幅插圖所描繪的是南京的天王府。那裡過去是太平軍最高領袖和教皇洪秀全的宮殿。該王府在幾個月前被占領南京的清軍摧毀。

THE ILLUSTRATED
LONDON NEWS

中國的風景
(Views in China)

1864
《倫敦新聞畫報》第 45 卷,第 1289 號
1864 年 11 月 26 日,527 ~ 529 頁

本期中我們刊登了三幅根據 F. L. 貝爾先生的速寫所繪製的中國風景版畫插圖。

南京明陵的神道

　　最大的那一張描繪的是南京東城門外明朝皇帝的陵墓,最近太平天國的起義者剛剛被趕出了南京。插圖中的神道兩旁有兩排巨大的石雕群像,其中一組雕像刻畫了前一個王朝的文相武將,另一組雕像則是獅子、大

象、駱駝和熊等各種動物形象。這些動物分別象徵著中國封建王朝的基本要素。我們的插圖只反映了明帝陵石雕群像中的一部分。自從南京被起義者占領之後，有些雕像已經遭到了損毀。從 14 世紀至 17 世紀一直統治中國的明朝曾將其都城設在南京，正如清朝現在把京師設在北京一樣。

　　第二張版畫插圖描繪的是揚子江上最有特色的一個小島，名為孤兒島。它約有 400 英尺高，四周全是懸崖峭壁，只有透過一條崎嶇的石階小路才可以爬到山頂。有一些和尚住在山頂上的佛教寺廟裡。

揚子江上的孤兒島

　　第三張插圖的題材是鄱陽湖跟揚子江交匯處的湖口懸崖和寺廟。這個地方的風景十分奇特。長江的水衝擊著懸崖的底部。水面之上的峭壁高達 200 英尺。懸崖頂部的寺廟裡住著一些和尚。岩石上的水位標記清楚地顯示了夏天因洪水暴發，江水陡漲所達到的高度。

127

THE CLIFF AND TEMPLE AT HUKAU.

鄱陽湖湖口的懸崖和寺廟

1865

THE ILLUSTRATED
LONDON NEWS

南京明陵

(Tombs of the Emperors of the Ming Dynasty at Nankin, China)

Feb. 18, 1865

《倫敦新聞畫報》，第 46 卷，第 1301 號
1865 年 2 月 18 日，160 頁

南京明陵神道

幾個星期以前，我們曾經刊登過一幅根據 F. L. 貝爾先生的速寫所繪製的關於南京皇陵神道的版畫插圖，神道兩旁矗立的大象和駱駝等巨型石雕像是明代皇陵的一部分，石雕像距離古代城牆的斷垣殘壁並不遠。我們在本期中再刊登一幅描繪通往北部皇陵神道兩旁武士和祭司石像的插圖。明代皇陵位於一個占地甚廣的小丘之上，在山腳處有一個龐大的長方形磚

砌門樓建築，三個橢圓形的門洞立於尺寸極為驚人的基石之上。插圖中的那些巨型石雕像是用一種砂岩雕刻而成的，經過數百年的風吹雨打、風化剝落，已經變成一個個黑色醜陋的物體，其表面上斑斑點點地長滿了堅硬的地衣。它們與那些動物石像和殘敗的陵墓一起組成了一幅滿目瘡痍的荒涼景象，只有被驚起的一兩隻小鳥的鳴叫聲才能給這荒涼之地帶來一絲生機。從 14 世紀到 17 世紀中期一直統治中國的明代皇帝之所以最初把皇宮定在南京，是因為當時南京是中華帝國中最繁華和人口最多的一個城市。自從蒙古人和滿人在 200 多年前征服中國以來，一直將京師設在北京，所以除了這些石雕像之外，南京幾乎已經看不到其他的古蹟了。

THE ILLUSTRATED
LONDON NEWS

中國巨人
(The Chinese Giant)

1865
《倫敦新聞畫報》第 47 卷，第 1136 號
1865 年 9 月 30 日，304 頁

我們所知的身高最高的人是一位叫詹世釵的中國人。他今年 19 歲，出生於徽州府一個極受尊敬的中國家庭。他最近來到倫敦，目的是為了在埃及展覽館向我們這些矮人展示一下他那令人稱奇的身材。隨同他前來的有他的妻子，名叫靚芙（King-Foo），意為「美麗的芙蓉花」。跟普通的中國女子一樣，她也纏著小腳，這是中國上層社會對婦女的要求。詹先生還有一個姓鍾的僕人，他是身高僅 3 英尺的侏儒，而且還不像西方童話中的湯姆·拇指將軍那樣四肢均勻。他倆站在一起，僕人更加襯托出主人的身材高大。詹先生的身高是 7 英尺 8 英寸，體重約 280 磅。他身材勻稱修長，表情和藹可親，具有蒙古人種所特有的高顴骨和細而偏斜的眼瞼。他身穿

1865

織錦的白色綢緞袍子，脖子上掛著一大串珠子，手持摺扇，頭戴官帽，腳踏厚實的白底便鞋，看上去像是一個思維敏捷並受過良好教育的人。他的父親詹京是一位著名的儒家學者。埃及展覽館內同時出售他寫的自傳，書中表達了一種豁達樂觀的倫理觀，說明他不僅頭腦聰明，而且心地善良。據說他是一位愛護妻子的好丈夫，對於姓鍾的小矮人也很照顧。我們還得知，詹先生因其鶴立雞群的身材而被人稱作「詹五九」。他原來有個姐姐叫詹友筠，身材比他還高 10 英寸，可惜正值荳蔻年華就夭折了。他哥哥詹四九是個當兵的，比詹五九要矮 6 英寸，但是身體特別強壯，體重達 400磅。他目前是徽州府清軍的軍官。他們的父親兩年前去世，也是個巨人，但他們的母親卻只有普通人的身材。

THE CHINESE GIANT, CHANG, WITH HIS WIFE AND ATTENDANT DWARF.

詹五九與妻子和僕人在一起

THE ILLUSTRATED LONDON NEWS

討伐中國的海盜船
(Expedition against China's Piratical Junks)

1865
《倫敦新聞畫報》第 47 卷，第 1340 號
1865 年 10 月 28 日，409 頁

FLEET OF CHINESE JUNKS, WITH H.M.S. OPOSSUM, PREPARING TO ATTACK PIRATES AT HOW-CHOW.

清軍水師兵船與英國「負鼠號」炮艦一起圍剿海盜

　　本報最近幾期中提到中國海域內海盜猖獗，於此前的 12 個月之內在海南附近犯下了膽大包天的罪行。它們公然襲擊懸掛著英國、德國和其他歐洲國家國旗的大型商船，因此由聖約翰海軍上尉指揮的英國皇家海軍「負鼠號」炮艦受命與清朝官員們合作，一起捉拿海盜。下面這張插圖描繪由水師提督王永友（Wang-Yung-Yow）指揮的清軍水師兵船在「負鼠號」炮艦的陪同下，正準備出海擒敵。「負鼠號」炮艦在此次戰役中，於今年 7 月

10 日那天捕獲了一艘配置了很強火力的海盜平底帆船。然而由於這些海盜的老巢是在海南島上的某個地方,「負鼠號」和其他炮艦還將被派往海南,協同中國的水師提督作戰,以剿滅沿海地區的海盜。這次出征還將由聖約翰海軍上尉指揮。

1866

THE ILLUSTRATED LONDON NEWS

「精靈王號」輪船
(The Steam-ship Erl King)

Feb 3, 1866

《倫敦新聞畫報》第 48 卷，第 1356 號
1866 年 2 月 3 日，104 頁

THE AUXILIARY SCREW-STEAMER ERL KING, BUILT AT GLASGOW FOR THE AUSTRALIAN AND CHINA TRADE

在格拉斯哥為英澳和英中貿易而建造的「精靈王號」輔助性螺旋拖纜輪船

　　這是一艘由格拉斯哥的英格利斯兄弟公司為倫敦的羅伯遜父子公司所建造的輔助性輪船，以取代羅伯遜父子公司原有的「海王號」輪船，後者曾經跟「謝南多厄號」邦聯私掠船一樣有名。

中國外交特使團
(China's Diplomatic Mission)

1866
《倫敦新聞畫報》第 48 卷，第 1376 號
1866 年 6 月 23 日，609 頁

目前在倫敦的中國外交特使團包括清朝欽差大臣斌春，他的兒子廣英和三位文書，以及特使團英文祕書和翻譯包臘（Edward Bowra），法文祕書和翻譯德善（Des Champs），還有倫敦英國外交部派作中國特使隨行副官的 J. 布林少校（皇家陸軍工兵）。在大清帝國擔任過許多重要職務的欽差大臣是滿族人，今年 64 歲。他見多識廣，思想開明，目前任北京的總理各國事務衙門章京。他在文學方面才華橫溢，自從來到倫敦之後一直在不停地寫詩，因為他認為散文不足以表達自己對歐洲藝術和科學奇觀的看法以及他在英國所受到的細緻周到的禮遇。回國之後，他將會把他所看到的東西寫成奏摺，建議皇上引入歐洲的藝術和文明以及更改與歐洲「蠻夷」們打交道的祖傳規矩。他已經訪問了溫莎城堡，並出席了在白金漢宮所舉辦的皇家舞會。他現在下榻於乾草市場查爾斯街的新協和旅館。在離開英國之後，他還將訪問聖彼得堡、哥本哈根、斯德哥爾摩、柏林、布魯塞爾、漢堡、呂貝克和巴黎。總之，他的特使身分得到了所有跟中國簽訂過條約的西方國家的承認，其中包括美國。欽差大臣在回國途中將順訪美國，橫跨北美大陸，途經舊金山和太平洋回到中國，沿途還要造訪日本和社會群島。這樣規模的環球旅行在歷史上恐怕還沒有別的中國人（肯定沒有其他中國官員）曾經完成過。我們有理由為他的這次旅行不但向中國，而且向整個歐洲表示祝賀。它具有無比深遠的意義，因為我們可以視其為中國的一個承諾，即它將衝破過去閉關自守的政策。中國人逐漸形成的妄自尊大以及他們對西方民族的無知和恐懼都將慢慢地被消除，最終必將創造一個人民誠實、機靈、耐心和勤勞，自然資源豐富的強盛中華帝國。它將在我

1866

們這個時代自立於世界之林，並且分享兄弟國家的進步。這一結果將部分歸功於威妥瑪和赫德等人多年來所做出的努力。威妥瑪先生目前是英國駐華公使館的中文祕書，而赫德則是北京中國海關的總稅務司，實際上擔負著外交部長的職責。

清廷特使斌春

本報所刊登的斌春肖像是根據迪斯德里先生的一張照片所繪製的。

THE ILLUSTRATED
LONDON NEWS

跟中國海盜的遭遇戰
(An Encounter with Chinese Pirates)

1866
《倫敦新聞畫報》第 49 卷，第 1391 號
1866 年 9 月 29 日，312 ～ 313 頁

R.M.S. OSPREY AND H.M.S. OPOSSUM DESTROYING CHINESE PIRATE JUNKS IN NAMA BAY.

英國皇家海軍的「魚鷹號」和「負鼠號」炮艦在薩馬灣痛擊海盜船

　　我們上星期提到有兩艘英國皇家海軍的兩艘軍艦，即由 W. 孟席斯海軍中校指揮的「魚鷹號」軍艦和由梅因沃林海軍少校指揮的「負鼠號」炮艇於 7 月 18 日在薩馬灣與一群海盜船遭遇，其中部分海盜來自澳門，部分來自交趾支那。他們的船都停泊在一個小港灣裡，而海盜們則占據了鄰近的一個村莊。搜捕海盜的任務是在一位姓梁的中國地方官員（藍色頂戴）的

協助下所進行的。他不幸因自己所表現的熱情和勇氣以身殉職。我們在本期中刊登了一幅插圖，為這次遭遇戰再補充一些細節。

敵人當時占據了有利的地形，因為那個小港灣的兩岸小山擋住了「魚鷹號」軍艦上發射 67 磅重炮彈的大炮和 7 英寸口徑阿姆斯壯樞軸炮的射擊。「負鼠號」炮艇吃水較淺，可以靠得更近些。但還沒等它開火，兩艘火力配置最強的平底海盜船（其中一艘裝有 16 門炮）便搶先向兩艘英國軍艦開炮和發射火箭，緊接著，其他海盜船也紛紛開火。雙方對峙了一段時間，直到下午 3 點，英軍決定登陸，奪取那個村莊和停在小港灣裡的海盜船。由大約 60 名水兵和海軍陸戰隊隊員組成的突擊隊在孟席斯海軍中校的指揮下上了岸。隨隊的其他軍官有軍餉助理副官理查·F. 米德中尉和「魚鷹號」炮手約翰·哥德斯先生，以及「負鼠號」水手長 H. 托馬斯先生。在離小港灣約半英里處登陸時，他們並沒有受到抵抗，兩艘軍艦仍然在跟海盜船交火。突擊隊從西南方向接近了村莊和海盜船藏匿的小港灣。上方的一座小山被一群中國人所占領，他們不斷地從那裡向英軍放冷槍，直至他們被包抄上去的突擊隊所消滅。圍著那座小山的山腳繞過去以後，突擊隊吶喊著發起了衝鋒，把敵人從村莊趕向海盜船，最後連海盜船也不得不放棄，以便逃往能躲避水兵和陸戰隊隊員猛烈掃射的安全地帶。此間，海盜們也不斷地用火炮和輕武器向突擊隊開火，企圖阻止他們的前進，但最終還是沒有得逞。孟席斯海軍中校下令登上海盜船並且放火焚燒，這個命令很快就開始執行。米德中尉在執行這項任務中表現得最為活躍，他還親手點燃了幾艘船。被摧毀的海盜船共有 22 艘，其中有些還非常之大；海盜們據估計在 700 人以上，其炮火殺傷力很大。在被燒毀的海盜船中有一艘裝備了 17 門炮，有 7 艘裝備了 15 門炮，9 艘裝備了 12 門炮，還有 4 艘裝備了 10 門炮。對只裝備了 4 門炮的英國軍艦和炮艇來說，這可是一支很大的武裝力量。在那次遭遇戰之後，有村民說多達 150 名海盜被打死，但這種說法也許太誇張了，八九十人更接近現實。「魚鷹號」軍艦上的一名水兵受了重傷。跟突擊隊一起登陸的清朝官員梁大人身受三處重傷，三天後他在「魚鷹號」軍艦上因傷勢過重而死亡。

1867

1867

THE ILLUSTRATED
LONDON NEWS

英中貿易商船
(The New Steam-ship for the China Trade)

May 11, 1867
《倫敦新聞畫報》第 50 卷，第 1426 號
1867 年 5 月 11 日，465 頁

為英國對華和對日貿易而造的「拉蒙特號」新輪船

　　「拉蒙特號」新輪船是由格拉斯哥的羅伯特·內皮爾父子公司為倫敦和中國的怡和洋行開展對華和對日貿易建造的。本報上述插圖中的這艘輪船跟英國迄今所出口的任何用螺旋槳推進的輪船都有所不同，因為在船的上甲板上建造了大型的交誼廳，而交誼廳的周圍加設了額外的帆，帆的長度甚至超出了船殼。這些交誼廳還構成了能覆蓋整艘船寬度的上層輕甲板。人們認為這種安排的好處是大大改善了船上的通風狀況，因為交誼廳和船殼四周向外突出的附加帆就像涼棚那樣，在熱帶地區可以為乘客們帶來涼

爽和舒適。跟羅伯特·內皮爾父子公司生產的所有輪船一樣，「拉蒙特號」的製作非常精良，不僅造型優美，而且動力強勁。它的大小尺寸和性能數據如下：長 240 英尺，寬 34.5 英尺，船深 22 英尺，載重 1,390 噸。它的汽輪機也是由造船商羅伯特·內皮爾父子公司製造，是頂置的縱軸傳動裝置，動力為 200 馬力，能以每小時 12 海里的速度驅動該船前進。船上的住宿條件也非常優越，主交誼廳位於輪船的前部，乘客、船長、大副、二副的船艙都位於上甲板交誼廳的側翼，還有一個船艙是專門為中國乘客們所設的。

這是羅伯特·內皮爾父子公司為怡和洋行製造的第五艘輪船，前面的四艘分別是「蘭斯菲爾德號」、「火十字號」、「煩憂號」和「高山族號」。

THE ILLUSTRATED
LONDON NEWS

北京的賽馬場
(The European Racecourse at Pekin)

1867

《倫敦新聞畫報》第 50 卷，第 1433 號
1867 年 6 月 29 日，653 ～ 654 頁

第四屆北京春季年度跑馬賽於 3 月 20 日至 21 日在位於北京城外西南郊 2 英里處的皇家行宮王侯樓（Wang Ho Lou）舉行。我們的版畫插圖描繪了北京德比跑馬場的看臺和終點衝刺的情景。對面場邊的一個小屋是裁判的仲裁處。

跑馬場的跑道是沿著一個乾涸湖泊的邊緣而劃出來的，那個湖泊曾經因出產魚和向北京城提供大部分飲水而聞名，但是它到目前為止已經乾涸了 40 年。一座跨在黃土道路上的漢白玉大橋廢墟告訴人們，這裡曾經有一條湍急的大河從統治著世界 1/3 人口的中國皇帝行宮邊上潺潺流過。

1867

北京的歐式跑馬場

　　北京城四周的平原都是精耕細作的農田，雖然這裡的土壤顆粒細小而
鬆散。在還沒有播種玉米和小米之前或當人們收割完農作物之後，平原就
會顯得特別空曠和荒涼。然而王侯樓的周邊地區卻是一個例外，在小山丘
的腳下妝點著風景如畫的農舍和垂柳。再往遠處可以看見京郊八大處和南
口群山那高低不平的山頂。在山丘的背後還可以看到八里莊的寶塔，那是
一個兼具寺廟和陵園功能的地方，該寶塔就屹立在一群清朝太監的墳墓中
間。它有 11 層，高達 120 英尺，保存完好。寶塔的底部裝飾著許多印度和
西藏神祇的漂亮浮雕。它是北直隸平原上最引人注目的一個地標。

　　今年擔任跑馬比賽管事的有準男爵法爵士（Sir Eric Farquhar）、俾斯麥
先生、柏卓安先生、綿安先生和韋貝先生。

　　比賽前三天，那塊平原上還是光禿禿的，看不到看臺、裁判處小屋和
圍欄的一絲痕跡。它們都是在 2 天之內用蓆子等材料搭建起來的，而賽後
的 24 小時之內，它們就被人們用車拉走，儲藏在英國公使館院內。在京
所有能夠放下工作的歐洲人，包括大多數外國公使在內，都趕來觀看跑馬
比賽。好幾位歐洲女士的出席更使得這個跑馬賽場蓬蓽生輝，她們就坐在

那些清廷的高官身邊，包括官至一品的總理衙門大臣崇倫和接受過外國軍官訓練的統領張大人，他們似乎對賽馬的過程非常感興趣。站在小山丘上和看臺附近的跑道邊的廣大觀眾全都秩序良好，心情愉快。儘管沒有那些熱衷於賭馬的中國人在場，但是本地的觀眾們依然顯得興高采烈。天氣晴朗，比賽精彩，而且沒有任何意外事故發生，北京的歐洲人社區有足夠的理由來為這次跑馬比賽的成功而慶賀。他們來這裡純粹是為了找樂子的，因為比賽的獎金數目很小，人們為賽馬下的賭金也很低。

擔任此次賽馬裁判的是方根拔子爵和 G. 勒梅爾先生。這個跑馬比賽絕對需要有兩名裁判，因為從京師趕來參加跑馬比賽的全都是些深居要職的官員，很難指望由同一位裁判挑起裁決兩天跑馬賽程的重擔。方根拔子爵和勒梅爾先生在比賽過程中相互協助，大家對他們所做出的裁決都感到很滿意。

跑馬場是橢圓形的，周長正好是 1,715 碼，離 1 英里僅差 45 碼。在拐彎處的前 100 碼有一個 0.5 英里的標誌。在這次賽馬比賽中居功至偉的是柏卓安和蒲安臣這兩位先生，二人為整個賽程都做了周密的安排，並且以職業級的把那些在起跑線上準備出發的賽馬管理得井井有條。北京跑馬場的位置很好，跑道也很寬，從看臺上可以將整個賽場一覽無遺。它只有一個缺點，就是這裡的場地太軟，使得那些賽馬達不到它們在上海或天津的硬地賽場上所跑出來的成績。最快的比賽成績是 1 英里障礙跑，「薩多瓦」以 2 分 21 秒的成績贏了這場比賽，對一匹只有 52 英寸高並且負重 151 磅以上（因為它的騎者體重超標）的矮馬來說，這個成績相當不錯。

所有參賽馬匹都是蒙古種的矮馬，其中最矮的只有 49.2 英寸高，最高的有 52.8 英寸，但它們都長得非常結實，在同類馬中算得上是身材魁梧，速度和耐力也都非常驚人。「薩多瓦」充分地證明了這一點，它在比賽的第二天參加了四個項目的比賽，有三個 1 英里賽程和一個 2 英里賽程的比賽。它贏得了包括那個英里賽程在內的三項比賽，在另外的那項比賽中也獲得了第二名。這些矮馬的體重比例如下：48 英寸高的矮馬重 135.8 磅，

1867

每增加 1 英寸都意味著要增加 4 磅。

在比賽的第一天，法爵士的矮馬「古董」在它主人的親自駕御下戰勝了其他五匹賽馬，贏得了一塊「少女獎牌」，而由大清海關的赫德先生和其他人捐贈的「挑戰杯」被璧斯瑪先生的「薩多瓦」收入囊中，那匹矮馬的騎者也正是它自己的主人。「薩多瓦」還贏得了由北京女士們捐贈的一個錢包。第二天，由萊斯特先生作為騎者的「古董」在北京德比跑馬比賽上經過一場激動人心的比賽之後，終於戰勝了「薩多瓦」，贏了後者一個馬身的距離。然而「薩多瓦」和璧斯瑪先生如大家所願，在爭奪由駐京外國公使們集體捐贈的「公使獎牌」的比賽中再次取勝。其他比賽也都很順利，最後一項非常有趣的比賽是在中國騎手之間進行的，騎的也還是他們主人們的賽馬。

1868

THE ILLUSTRATED
LONDON NEWS

上海的中式婚禮
(A Chinese Wedding at Shanghai)

Aug. 8, 1868

《倫敦新聞畫報》，第 53 卷，第 1496 號
1868 年 8 月 8 日，121、126 頁

上海的一次中式婚禮

　　本期所刊登關於中式婚禮的插圖是根據英國皇家海軍軍艦「西爾維亞號」上的海軍測量員 F. J. 帕爾默海軍中尉的速寫而繪製的。在上海逗留期間，他應一位行商買辦的邀請，去後者的家裡參加這場有趣的中式婚禮。新郎是在日本函館某商號當代理人的一位 35 歲男子；新娘 20 歲，是本地一位富商的女兒。所有的來賓都身穿他們最好的衣服，即深紫色的綢緞長

袍或大衣，衣服上鑲嵌有裘皮或織錦，在長袍下面還穿有藍綢馬褂。他們的頭上還戴著用綢緞或天鵝絨料子做的帽子，那些官帽上飾有彩色玻璃的頂子和流蘇。大堂裡每 6 人一桌，坐滿了好幾桌，每張桌上擺放了 26 個菜餚。脖子上套著一根水晶項鏈，胸前還佩有一塊翠玉的新郎在幫助主人和一些朋友一起招待來賓。在宴席、抽菸和喝茶之後，人們坐下來欣賞一場由聲音尖厲的樂器所演奏的音樂會。院子裡放的一聲禮炮和外面街道上燃放的爆竹都是用來慶祝婚禮的。一頂裝飾得非常奢華的封閉轎子被派出去接新娘，後者於下午 4 點來到了婚禮現場。準備舉行婚禮的大堂裡被清理乾淨後布置一新，只留下了兩張桌子，桌上擺放了幾個大燭臺，周圍有紙花進行裝飾，還有一些點著了的蠟燭。這兩張桌上還點著幾支焚香。桌前鋪著一塊猩紅色的地毯和兩個墊子，新郎和新娘要跪在墊子上發誓將相互忠誠。由於許多女賓客和男賓客妻妾的到來，使得來賓的總數在此時有了大量的增加。這些新來的女賓客身穿鑲有白鼬裘皮的漂亮藍色絲綢長袍，身上佩戴有大量的項鏈、手鐲、戒指、黃金別針和頭髮上的其他飾物，腳上穿著漂亮的繡花鞋。抬著新娘的轎子在一個龐大婚禮行列的簇擁下被抬進了大堂，新娘的貼身女僕揭開了轎子的門簾，迅速將她扶了出來。新娘就像是一隻羽毛特別絢麗的鳥，渾身上下都穿著織錦緞的衣服，有的猩紅色，有的黑色，有的金色，她的腰上圍著一條粉紅色絲綢和象牙織成的腰帶，頭上戴著一個用假珠寶製作的冕狀頭飾，髮髻上插著裝飾性的猩紅色紙花，另外還有一塊 2 英尺長的深紅色綢緞將她的臉完全矇住了。與此同時，新郎也在一個司儀的引導下從旁邊的一個房間走了出來，雙手各持一根點著了的蠟燭。他站在一個祭臺前，手持三根焚香，回答一位和尚對他提出的問題，並向一個菩薩的神龕不斷地鞠躬行禮，牆上也掛著一些菩薩的畫像。新娘由那位年長的貼身女僕扶著，站到了新郎的身旁。她手持一面深紅色的小旗子，和尚也向她問了一些類似的問題，她很得體地做了答覆。有人將一根綠色的絲帶遞給新郎，並將一根紅色絲帶遞給新娘，這兩根絲帶之間打了個結。新婚的丈夫在音樂的伴奏下牽著新娘走向婚房。這裡有幾位家人和朋友在等待著他們，其中包括這位新郎的兩個妾。他們站

在床架的兩邊，嘴裡念叨著一些規定要說的祝福詞，手裡還拿著一大捧碾碎和混雜在一起的種子、堅果，但他們並不吃這些東西，而是將它們撒在他倆身上。過了一會兒，這對新婚夫婦又回到了大堂裡，並坐下來吃一頓豐盛的宴席。那位年長的貼身女僕會事先嘗一下每個菜餚，以確定它是否符合她年輕女主人的口味。接著人們又把一個才兩三個月大的嬰兒抱到新娘的膝蓋上，以測試她是否喜歡小孩。後來新娘和新郎以其新的身分被正式介紹給了雙方家庭的朋友和親戚，後者的名字是由一位司儀大聲念出來的。這一過程持續了一個多小時，最後這對新婚夫婦才被允許回房休息。大碗的油被放置在婚床的四周，碗裡漂浮著點著了的燈芯，以作為他們奉獻給神靈的祭品。新娘的嫁妝裝滿了 10 個巨大的箱子，被堆放在婚房的一角。經過三天的閉門謝客，這對新婚夫婦才開始接待來訪的朋友和前來恭賀的鄰居。

在倫敦的中國外交使團
(The Chinese Embassy in London)

1868

《倫敦新聞畫報》第 53 卷，第 1504 號
1868 年 10 月 3 日，325 ～ 326 頁

本報所刊登的版畫插圖中是大清帝國特命全權大使蒲安臣閣下（Hon. Anson Burlingame）及其副手、祕書等外交使團隨員的集體人像。除了蒲安臣大使本人，另外還有 12 名外交使團成員，其中包括兩名歐洲籍的祕書。蒲安臣先生是美利堅合眾國的公民，並於 1861 到 1867 年間擔任過美國派駐北京清廷的公使。他是羅德島上一個古老家族的後代，卻於 1822 年出生於紐約州的新柏林市，青年時代是在俄亥俄州和密西根州度過的，他在那

裡看到過許多印第安人的部落。他的職業生涯是從當律師和跨入政界開始的，並很快就開始出人頭地。他先被選為麻薩諸塞州的州議會議員，後來又三次被選為美國眾議院議員，成為共和黨內的著名人物。林肯總統曾提名他為美國駐維也納公使，然而奧地利政府拒絕接受他，因為他對最近成立的義大利王國公開表示同情。於是他又被任命為美國駐中國的公使。在任的六年期間，他成為大清帝國對外政策良性轉變的主要推動者。當他從美國外交界退休時，中國的清廷高官們專門為他舉行了一個告別宴會。就是在這個宴會上攝政的恭親王出人意料地邀請他作為大清帝國的代表出訪歐洲各國。在上述插圖中，蒲安臣先生站在中間的位置，第一副公使志剛坐在他的左邊，第二副公使孫家谷坐在他的右邊。前者也稱志大人，是滿人，今年 50 歲，學問淵博，政治經驗豐富，也曾在軍隊中擔任要職。另一位孫大人也是位著名的學者，他擔任過文官和武官，曾經做過御史，其職責是對政府的錯誤法令提出告誡。這兩位副公使的身邊還坐著兩位歐洲人。坐在右邊的是柏卓安（John M'Leavy Brown）先生，坐在左邊的是德善（Emile Des Champs）先生。外交使團的一等祕書柏卓安先生是愛爾蘭人，在貝爾法斯特附近出生，並在貝爾法斯特的女王學院和都柏林的三一學院接受過教育。1861 年，他通過競爭激烈的考試，得到了英國駐華領事館翻譯生的職位。他曾經為已故的卜魯斯爵士，即當時的英國駐北京公使，當過為期 18 個月的私人祕書，並在英國駐華公使館擔任了近五年的代理中文翻譯。最近英國外交部同意讓他成為中國派往歐洲的外交使團成員。德善先生是巴黎人，曾受過法學教育，但從法律界跳槽，成了絲綢貿易的商人。1863 年，他來到中國，在上海的美國商會謀職，同時潛心研習中文，很快就成為一名大清海關稅務司。他曾於 1866 年隨斌春大人的特使團出訪過歐洲。本報的讀者們也許還記得，那次出訪的目的就是為了試探中國跟歐洲各國開展貿易往來的可能性。蒲安臣外交使團的其他成員還有英文翻譯鳳儀、德明[3] 和勞葉（Lao-Yeh），俄文翻譯桂榮、塔克什訥（木庵），兩

---

3 即張德彝。—譯者注

位法文翻譯聯芳（春卿）和廷俊（輔臣），文書莊椿齡（松如）、亢廷鏞（硯農）。

清廷特命全權大使蒲安臣及其外交使團的成員們

1869

香港快艇賽 (Hong Kong Regatta)

Jan. 9, 1869

《倫敦新聞畫報》第 54 卷，第 1520 號
1869 年 1 月 9 日，第 48 ～ 49 頁

FONG-KONG REGATTA: THE START FOR THE SCRATCH MATCH.—SEE PRECEDING PAGE.

香港快艇賽出發時的場面

　　香港快艇賽每年舉辦一次。去年的快艇比賽於 11 月 10 日～ 11 日舉行，賽事舉辦得非常成功。獲得比賽第一名的是「蘇格蘭號」快艇，其主人是萊恩和克勞福德公司（Lane, Crawford and Co.）的約翰·費爾貝恩先生。本報刊發了一張版畫插圖，描繪快艇在香港碼頭出發時的情景。「蘇格蘭號」這艘兩桅帆船處於插圖的中間稍微靠右的位置，其主桅帆和前桅帆都是按照中國傳統的裝帆方式用橫貫帆布的竹竿撐起來的，靠帆的滑車索具來控制升降整個帆布。這種前桅帆和後桅帆裝帆方式的優點在於它張開或

放下帆時十分靈活，這對於在賽船季節以微風為主的該水域來說，是一個取勝的重要因素。

THE ILLUSTRATED
LONDON NEWS

中國景泰藍工藝品
(Chinese Vase)

1869

《倫敦新聞畫報》第 54 卷，第 1528 號
1869 年 3 月 6 日，第 233 頁

上面這幅版畫所描繪的中國景泰藍工藝品是由英國駐清廷公使阿禮國爵士（Sir Rutherford Alcock）的夫人從北京帶回倫敦的三件景泰藍工藝品之一。它們曾被委託給新邦德街亨利與羅斯克爾古董店代理出售。但它們現在已經成了比利時國王的財產。從圖中可以清楚地看到這個工藝品造型獨特，設計優美。它採用被法國人稱為「cloisonné」的景泰藍工藝，其做工非常精細且費時。極細小的金屬片在拼出設計圖案之後，要焊接到被修飾的物體上，然後這些金屬片之間的空隙要用粉末或糊狀物加以填充，它們即構成了琺瑯。接著，這個經過焊接和填充的物體被送到火爐中去烘烤，直到填充物熔化成透明的琺瑯質。在逐漸冷卻之後，再透過研磨和拋光使其表面平滑。這種工藝據說是在約 10 世紀或 11 世紀中傳入歐洲的，當時的景泰藍工藝品一般都很小，而且是用黃金製作的。這門藝術在中國還沒有完全消失，但現代的景泰藍工藝品與古代工藝品相比，品質要低劣許多。從明朝的鼎盛時期到清朝的康熙、乾隆年間是中國青銅、景泰藍和陶瓷等工藝品的黃金時代。這樣的工藝品如今只有從王府和高官的家中才能買得到，假如他們的後代缺錢用或對藝術漠不關心的話。上述這三件景泰藍製品顯然是屬於這個黃金時代的工藝品，它們無疑也是被帶到歐洲的最精美

的工藝品。它們的體積也是異乎尋常的，除了底座之外，每一件景泰藍工藝品都高達 3 英尺，而且它們的琺瑯質顏色非常罕見和美麗。當有人將它們向在北京的英國公使阿禮國夫人展示之後，藝術素養很高的公使夫人對它們的藝術價值十分欣賞，並當即就買了下來。她值得讚賞的一個想法就是想它們作為中國工藝品的標本帶到歐洲來。

CHINESE VASE, PURCHASED BY THE KING OF THE BELGIANS.

被比利時國王買走的一件中國景泰藍工藝品

1870

THE ILLUSTRATED
LONDON NEWS

阿爾弗雷德親王在香港
(Prince Alfred in Hong Kong)

Jan. 29, 1870

《倫敦新聞畫報》第 56 卷，第 1578 號
1870 年 1 月 29 日，111 ～ 112 頁

阿爾弗雷德親王在香港畢打行碼頭登陸

　　在過去兩個月中，本報陸續報導了英國皇族愛丁堡公爵訪問維多利亞
女王統轄之下的大英帝國亞洲領地和附屬國以及順訪中國、日本一事的進
展。他於上月 22 日到達了加爾各答，在那裡受到了印度總督梅奧伯爵、馬
德拉斯總督拿皮爾勳爵和孟買總督西摩·菲茨杰拉德爵士的隆重接待。運載
愛丁堡伯爵沿胡格利河來到加爾各答的「加拉蒂號」護衛艦引起了加爾各

答的英國人和印度居民的極大興趣。這艘護衛艦是在上個月 2 號離開新加坡的。再往前的一個月，即從 1869 年 11 月 3 日阿爾弗雷德親王到達香港直至 12 月 2 日，一部分是用於對中國首都北京的一次訪問，但是他在香港一直停留到了 11 月 16 日，並且在那裡參加了好幾次公開的招待會，此外還參加了聖約翰大教堂新建的唱詩班高壇奠基活動以及為新落成的市議政廳揭幕。我們根據 J. 湯姆森先生拍攝的照片繪製了兩張版畫，以描繪親王到達香港的場景。第一張插圖描繪阿爾弗雷德親王在畢打行碼頭登陸，受到香港總督麥唐納及其夫人、香港立法會委員們、殖民地官員和衛戍區軍官們歡迎的場面。插圖還包括了港口的一角、停泊在那裡的船隻和作為港口背景的香港群山。第二張插圖描繪了女王路上香港俱樂部的大門，阿爾弗雷德親王到達香港的第二天晚上，整個城市被中式燈籠所點亮，到處都洋溢著節日的氣氛。下星期我們將登載一張關於親王在檳榔嶼逗留的插圖。

被綵燈所照亮的香港俱樂部

THE ILLUSTRATED
LONDON NEWS

南肯辛頓博物館借展的扇子
(Fans in the Loan Exhibition in the South Kensington Museum)

1870

《倫敦新聞畫報》第 57 卷，第 1602 號
1870 年 7 月 9 日，28 頁

（圖說順序從左到右，從上到下）

1. 中國鄉紳扇，扇柄連著煙袋和扇套；2. 威爾士王妃的扇面；3. 印度用花邊裝飾的棕櫚葉扇；4. 法國 18 世紀的扇子，沃里克伯爵夫人收藏；5. 印度鑲嵌金銀的錦緞扇，手柄用絲綢包裹。

THE ILLUSTRATED
LONDON NEWS

揚子江的風景
(Scenery of Yang-tze-kiang)

1870
《倫敦新聞畫報》第 57 卷
第 1602 號，1870 年 7 月 16 日，53 ～ 54 頁

揚子江的風景

　　這張插圖是根據前英國海軍部「西爾維亞號」測量船上的弗朗西斯·英格拉姆·帕爾默海軍上尉的一張速寫而繪製的。他所在的那條測量船曾經參加英國領事斯文侯先生於去年 3 到 5 月所率領的從漢口溯揚子江而上的考察活動。它曾發表在本報 1870 年 5 月 28 日出版的那一期中。它所描繪的是揚子江的盧坎（Lucan）峽。布萊基斯頓海軍上校（Captain Bakiston）在

《揚子江上度過的五個月》（Five Months on the Yang-Tse-Kiang）一書中曾經描述過這裡的風景。我們現在呈上帕爾默海軍上尉對這個位於宜昌附近的峽谷的印象。對於揚子江下游的考察就是從距離大海 1,000 英里的宜昌這個內地城市開始的。在宜昌的上游，揚子江的江面狹窄了許多，而且受到了兩岸高山的遮蔽，水流湍急，深不可測，水位往往在幾天或幾小時之內就會有急速的升降。在宜昌城外 3 英里的這個峽谷中，江面的平均寬度為 300 碼。兩岸的群山高達 2,000 到 3,000 英尺。接近水面的岩石是灰色的花崗岩，花崗岩的上面是灰色的石灰岩，再上面是一種黃色的砂岩，這種砂岩一直延伸至懸崖的頂部。這些不同的岩層清晰可見，其傾斜的角度為 15 度左右。在順風天逆流而行時，船上的帆能夠助上一點力，除此之外，就得靠纖繩來牽引。但是在順水而下時再使用帆的話，船就不太安全了。

中國的流動剃頭匠
(Chinese Itinerant Barbers)

1870

《倫敦新聞畫報》第 57 卷，第 1622 號
1870 年 12 月 2 日，320、330 頁

本頁是由在上海的桑德斯（W. Saunders）先生提供的一張照片而繪製的版畫插圖，插圖反映了在遠東這個人口眾多的國家中一個常見的日常場景和個人習慣。桑德斯先生利用他的光學鏡頭和相機，真實地記錄了中國社會中許多有趣的畫面。在本文所討論的理髮這一話題上，雖然不可避免地涉及了兩個剃頭匠（barbers），但值得尊敬的中國人民，就其對於頭髮和鬍鬚的處理而言，卻並無任何未開化狀態（barbarism）的存在。相反，由於大家都想保持家庭生活和中華文明在髮型方面的高水準，所以每一位

中上階層的市民都會注意定期地清理頭髮和鬍鬚，執意要留漂亮鬍鬚的人除外。若非如此，他在別人眼裡就會是一個沒有教養的人，甚至縣衙的衙役會傳他到衙門去為自己的失禮行為做出解釋。普通的理髮或刮鬍鬚通常是由這些有技藝的職業剃頭匠來完成的，剃頭匠每天早上都會挑著一副擔子走門串戶，擔子上有一盆擱在爐子上的熱水，一套為方便洗頭用而掛在直立桿上的乾毛巾，幾塊打溼了的肥皂，或用以取代肥皂且效果還不錯的藥皂，以及能乾淨俐落地剃去頭髮或刮去鬍鬚的寬刃鋒利的剃刀。這是一份收入良好的穩定工作，因為中國人並不是一個想隨心所欲而會任意改變髮式和留鬍鬚時尚的民族，不會像我們自己的有些同胞那樣，因某個怪癖而留八字鬍或山羊鬍，可是到了下個月，又因要恪守教規而把鬍鬚剃個精光。中國人留辮子有各種不同的方式，或梳一個大辮子從後面掛下來；或將辮子捆成一團；或用辮子盤在頭上，繞頭兩三圈，就像頭巾那樣。但假如失去了辮子，就會被認為是一種真正的恥辱。

中國流動剃頭匠

1872

1872

THE ILLUSTRATED
LONDON NEWS

北京的公主府
(Entrance to the Bride Princess' Palace in Pekin)

Dec. 21, 1872
《倫敦新聞畫報》第 61 卷,第 1737 號
1872 年 12 月 21 日,481 頁

中國皇家婚禮:北京公主府的大門 —— 根據本報特派畫家的速寫繪製

　　我們從本報特派畫家威廉·辛普森那裡收到了大量的速寫作品和信件,報導 10 月 16 日在北京舉行的皇家婚禮。辛普森先生就是為報導這次皇家婚禮和其他的中國風土人情提供插圖而特地從英國緊急趕往中國的。這些速寫和信件將很快被整理出來,並陸續登載在明年年初的各期《倫敦新聞畫報》上。本期所刊登的這張插圖描繪的公主府是專門給被選為皇帝新娘

的公主所單獨居住，從她被兩位太后從 600 到 700 位來自中國貴族家庭的秀女中脫穎而出，一直到她成為年僅十五六歲的皇帝陛下的皇后為止，這位公主都得住在這裡。公主府坐落在北京的內城，即皇城的北面。這位年輕的公主自從離開了她父親的家之後就一直住在這裡。公主府裡有宮女們伺候公主，並且教給她成為皇后須具備的所有規矩、習俗和禮儀。公主府是一個很大的建築。跟北京城其他的公主府一樣，它的四周都有圍牆，牆內的院子裡建造了一些房子。圖中描繪的是公主府的大門，按照中國人結婚的習俗，大門上有許多絲綢織品的裝飾。這些絲綢全都是最鮮豔的紅、藍、黃、綠等色彩，不僅有鑲邊，還有流蘇，並且打結呈小小的苔紋狀，看上去酷似絹花。有四個紅色的柱子支撐著這個華蓋，每個柱子上還盤繞著一條黃龍，後者遠看很像是一把稻草。柱腳也是黃色的 —— 這是皇家的顏色 —— 上面還有中國人表示幸福的雙喜字樣。大門裡面所能看到的是一隻白色的獅子或獅身鷹首獸，以及走廊盡頭一座房屋的窗戶。除了跟公主府有關的官員們之外，誰也不許進入這個大門。

THE ILLUSTRATED LONDON NEWS

中國皇帝的婚禮
(The Imperial Wedding)

1872
《倫敦新聞畫報》第 61 卷，第 1738 號
1872 年 12 月 28 日，622 頁

　　本報這一期所刊登的插圖，以及上一期的那張插圖，反映了人們為年輕的中國皇帝 10 月 16 日在北京的婚禮所做的一些富麗堂皇的特殊禮儀安排。這是本報一系列相關速寫報導的開端，目的是為了讓我們的讀者能夠親眼看到中華帝國幾個不同地方的典型風光和事件。為此本報從英國派出

了特派畫家威廉·辛普森，不遠萬里親赴中國。他在這次皇家婚禮舉行的前幾天到達了北京，並且在最近的一批郵件中給我們寄來了他的速寫，其中的三張速寫已經在本報上發表。

上一期中發表的公主府插圖描繪了在北京內城北部為新娘所建的府邸，在從秀女群中被選中之後供她暫時在那居住，以便能夠讓清廷的宮女們把宮廷禮儀以及未來皇后所必須知道的每一個禮儀細節都教給她。

本期插圖的題材是：第一張插圖描繪在半夜舉行的新娘婚禮行列中，人們手持寫有新娘頭銜的牌匾。在中國的新娘行列前面總是有人舉著這種用紅紙做的牌匾，但在這一次遊行中用的卻是金匾。第二張插圖描繪在婚禮舉行前一個星期裡大街上的遊行隊伍，以展示新娘的嫁妝，她所穿的衣服、戴的首飾、用的家具以及從中國各個行省送來的大量昂貴的賀禮，並將它們送到她在皇宮裡所要居住的新房裡。第三張插圖描繪 10 月 16 日預定在半夜 12 點舉行的正式新娘婚禮行列之前，於當天下午所舉行的一次遊行展示，即把婚禮上公主所要乘坐的新娘花轎和寫有她姓名和頭銜的金匾以及在婚禮儀式上要使用的大量旌旗和華蓋，送到新娘所下榻的公主府。最後一張插圖描繪午夜之後走在從公主府前往皇宮之間的大街上的新娘結婚隊伍。

這些婚禮的程式就如同皇宮裡其他所有事情一樣，都是由絕不會出錯的禮部根據極其瑣碎和古老的因襲規則和禮儀而嚴格規定的。描述這些因襲規則和禮儀的書據說足足有 200 多卷，它們都是用蠅頭小字寫成，以指導皇帝日常生活中的所有特定細節。現今已有 16 歲的皇帝不得不按照這些規定來忍受隱居的生活。以下這一段辛普森來信的摘錄十分有趣，因為它根據可靠的消息來源，講述了為皇帝婚禮所做出的安排：

當皇帝到了必須為自己尋找一位皇后的年紀時，八旗貴族家庭中所有的適齡少女都會受命遣送進宮。差不多有 1,000 位秀女進宮，由皇太后和皇帝的親生母親 —— 後者也擁有皇太后的地位 —— 來進行挑選。她們在這近千名秀女中挑出 60 名，這些秀女的姓名被記錄下

來，其家庭背景受到調查，更重要的是，每位秀女的八字都得到了仔細的研究，審查它是否跟皇帝的八字相剋。所有這些程序要花費好幾個月，然後就是第二輪的檢查，挑出大約30名秀女到宮裡生活一段時間，以便對她們的性格、脾氣、習慣、舉止和所受教育的程度進行深入的考察。一段時間以後，在細緻觀察的基礎上，又要進行第三輪的選擇，並且被選中的秀女們要經受一個更為嚴格的考察過程。透過這樣連續不斷的篩選機制，最終按照兩位太后的想法來挑選出皇后的最佳人選。然後這位最佳候選人就會住進專門建造的公主府，去研習一位未來皇后所必須具備的所有宮廷禮儀形式。她在那裡要一直住到洞房花燭夜，才會在午夜之後沿著大街被抬進皇宮去。

直到新娘被抬進皇帝所居住的內宮之前，皇帝都沒有見過她的臉。為了這個婚禮的行列，北京那些骯髒的街道上專門修築出了一條好路。那條路的兩旁全都蒙上了帷幔，原則上任何人都不允許偷看婚禮的過程。這個婚禮的行列是在午夜時分出發的，這樣就可以在凌晨2點之前到達宮內，因為過了2點進宮，就會被認為是不吉利的。街上掛著中國的燈籠，因其照明效果不佳而顯得幽暗。北京的居民只能透過帷幔和百葉窗上的小洞來窺看，或是在遠處瞥上一眼。所以相對來說，只有極少數的人才能窺見這種華麗壯觀的景象。從新娘進入宮內，一直到第二天天明，所有的時間都被用來舉行婚禮的儀式。

在過去的200年中，所有的皇帝在結婚時，他們的父親都在世。所以說這一次婚禮是一個例外。這位皇帝還沒有正式執掌政權，兩位皇太后垂簾聽政，基於這一事實，據說新郎和新娘就必須叩拜這兩位皇太后。據說皇帝會在很短的時間內登基，以執掌最高權力。

以下是本報特派畫家對這次婚禮行列的詳細描述，他在那天晚上清楚地看到了婚禮行列，並且有時間將這次獨特的皇帝婚禮行列中的隨從們用速寫的形式畫了下來：

1872

北京，10 月 17 日

　　在北京塵土飛揚的街道上，從公主府到皇宮的一段路程被選中，道路中央的坑被填平，並被撒上了一層新的沙土，以便把它變成象徵皇室的黃色。在舉行婚禮前的一個星期當中，那條路段每天早上都有一次運送的婚禮行列，這被洋人們稱作「trousseau」（新娘嫁妝）。但經過打聽，有人解釋說這些都是從中國各地送來的賀禮。由於所有這些賀禮都被送進了皇后未來所要居住的內宮，有位女士用蘇格蘭方言中的「plenishing」（給房屋安裝設施）這個詞最貼切地描述出了這些婚禮行列的真正性質。每天早上，天剛濛濛亮，就有官員、旗人、兵勇和身穿紅底白斑長袍的皇家轎夫們（我不知道他們的中文名稱是什麼）排成長長的隊列來運送這些結婚賀禮。這些結婚賀禮囊括了各式各樣的物品：有些是龐大的櫥櫃，有些是小巧的玉盤，還有椅子、高腳酒杯、花瓶、洗手盆底座和各種金銀器皿。那些小型的物件都是放在黃色的桌子上抬著的，但必須都被縛住。它們是用黃色或紅色的絲帶縛住的，這是一種皇家和婚禮的色彩組合。為了能欣賞到這些皇家內宮的日常用品，北京的居民一大早就出來，在沿途兩旁駐足觀看。有一天早晨，由於運送的物品要比平時更為珍貴，所以婚禮行列天還沒亮時就出發了，結果使後來出門想看這些東西的人大失所望。有人解釋說，只是為了防止意外，即害怕北京的痞子們半路衝出來，搶了這些東西就跑。另外一個吸引觀眾們的項目就是轎夫們對於抬皇后新娘花轎這個中國婚禮中最重要的部分的演練。皇家轎夫們之所以要演練，是為了抬花轎時能更加平穩，轎夫們換槓的時間更加迅速。據說為了測試抬花轎的平穩程度，特地在花轎裡放了滿滿一瓶水，看瓶子裡的水是否會濺出來。每當宣布要演練抬轎的時候，人群就會聚集起來看花轎，但在這種時刻它絕不會出來，抬轎演練總是在人們意想不到的時候進行的，以便能避開圍觀的人群。

　　這種對於皇家婚禮行列的演練表明，哪怕單從其外表而言，這種

壯麗景象也是值得看的。雖說看不到皇帝和皇后，民眾們至少可以見識一下皇室是如何氣派和輝煌。人們注意到，在沿途兩旁和通向那條街道的每個街口都豎起了竹柵欄，最後在那些柵欄上又蒙上了藍色的布和墊子，阻斷了人們的視線。經過打聽，有人說這是管這些事的官員為了不讓民眾看到婚禮行列而布置的。除此之外，清廷還將請求發給了各國駐京的公使館，要求每一位公使禁止自己的公民在 15 日或 16 日上街去看婚禮的行列 —— 這個請求招來各式各樣的嘲笑。人們自然要問，假如禮儀的計畫確實如此的話，那麼如此富麗堂皇的婚禮行列又表演給誰看呢？我知道有少數人確實看到了婚禮行列，但官方是禁止任何人觀看這條路線上的婚禮行列的。有幾條狗跑上了那條「黃路」，似乎沒有人對此感到在意，所以說只有這些狗和街上的兵勇們有幸見證了這次皇家盛典。

10 月 16 日是預定要舉行婚禮的日子。雖然我有很多偷窺皇家婚禮行列的計畫，但仍然不知道該做些什麼。清廷送到公使館的請求似乎更增加了不確定性。有人向我提出了兩三個衝破這種封鎖的計畫。最終我接受了一位跟當地傳教士有聯繫的女士的邀請，她在中國人中結交了朋友，並且緊靠主要街道旁的一家店鋪可以由她支配。在描述那天晚上的故事之前，我必須講一下在白天發生的事情。

有兩個金匾被送到了新娘的住所。這些是她的「證書」，在普通的婚禮中通常是用彩筆寫在紅紙上的，其中包括新郎、新娘的姓名和其他的一些稱號。在這次婚禮中，這些金匾便成了把新娘提升為中國尊貴皇后的文件。大約下午 4 點的時候，送新娘花轎的行列離開了皇宮，穿著綺麗華貴衣服的蒙古親王和蒙古首領們走在這個行列的前面。排行第五的惇親王和一位姓林的天朝命官負責操辦婚禮的禮儀。蒙古親王的手裡拿著一個中國式樣的白羊毛披肩帶，它是皇帝至高無上權力的象徵。眾所周知，它就跟皇帝本人一樣神聖，因此賦予了這次婚禮行列最高級別的禮儀。走在隊伍前面的還有 30 匹披有黃金和其

1872

他黃色飾品的白馬。隊伍行列中主要包括了繡有龍鳳、顏色各異的旌旗和很高的三重華蓋。在很高的木桿上還懸掛著圓形、方形和心形的扇子。木桿頂端的「金瓜」是皇帝權力的另一種象徵。隊伍的後面部分是代表皇權的華蓋或萬民傘，它們的形狀就像是釋迦牟尼的光環，但是三重的。跟隨在華蓋之後的是皇后的新娘花轎。它完全由黃色的綢緞覆蓋，轎子的頂上有一個像皇冠一樣的金頂，花轎上到處都繪著龍鳳圖案。花轎上看不到粗俗的珍珠和黃金飾物，相反，它的整個裝飾效果顯得既質樸又貞潔。正因為這花轎隊伍的樸實無華，我聽見別人將它跟中國其他的皇帝婚禮相比較時，認為這次顯得寒酸。從理論上來說，新郎送花轎來把新娘抬到自己的家，這是中國所有婚禮的規矩。花轎會一直放在新娘的家門口，直到她被花轎抬走為止。這也是中國婚禮的一個組成部分，即透過花轎的公開展示來賦予婚禮的合法性。回來的新娘花轎行列跟去時是一樣的，其區別就在於有沒有新娘坐在花轎裡，這一點雖然人們看不見，然而卻是至關重要的。另一個不同之處是在回來的路上，會有人舉著金區走在萬民傘的前面，使得金區與萬民傘和花轎形成同一組行列，在它們的後面會有一支雄壯的騎兵隊伍墊後。幾天前在皇宮附近也出現過一些色澤鮮豔的黃色馬車和轎子，據說那些都是皇室女眷們的，但這些馬車和轎子在那天晚上都沒有出現在婚禮行列之中。在隊伍的末尾，夾雜在騎兵中間，有兩輛普通的北京騾車，它們據說是用來裝載新娘的普通奴婢的。有四五個皇妃要在第二天早上送到皇宮，所以這些騾車也許是為了接送她們和她們的僕人的。但這也反映了這裡婚禮的規矩，因為這些妃子不是跟皇后一樣從皇宮的南門進去，而是必須從北面的一個門進宮。

　　中國的婚禮是一長串的禮儀，讀起來冗長無味，要經受這些禮儀肯定也是冗長無味的。婚禮的最主要部分就是，在新娘到達新郎的家之後，他們倆會坐下來，一齊喝一杯酒，兩個酒杯是用紅絲帶連在一起的，並且還要在喝酒的時候互換酒杯。還有喝茶和重複吃各種食品的禮儀。最重要的一點是新郎和新娘要在一起拜天地，而妾或妃子是

從來不會跟新郎一起拜天地的。新郎新娘還要一起拜祖宗。大擺酒席和跟親戚家的互相拜訪要持續許多天。皇帝的婚禮在細節上跟普通的婚禮幾乎相同，只是在一兩個地方有所區別，這主要是因客人的官銜和地位所造成的。

　　要了解北京和中國的婚禮，最好讓我來描述一下人們是怎麼試圖偷看新娘婚禮行列的。據說這個婚禮行列要在午夜時分離開公主府，這樣就可以在凌晨2點之前到達宮內，而過了2點進宮，會被認爲不吉利。有關婚禮的一切都是根據吉利或不吉利的概念來進行安排的。在結婚之前要對新郎新娘的八字經過仔細的研究，等一切準備完畢之後，就要挑選一個黃道吉日。於是一個精通此道的占星術士便成爲所有婚禮中最重要的人物，在這次皇帝的婚禮中自然也不例外。結果新娘的婚禮行列是在晚上11點，或11點之後某個時間從公主府出發的。我們這些人在晚上9點左右來到了預定地點。我們一行共有四人，包括一位女士、一個急於想看新娘花轎的小姑娘以及身爲我們嚮導的一位中國老太太。這家店鋪是一個簡陋而骯髒的鴉片館。這種看上去很不起眼的狀態正是我們的安全希望所在。這個鴉片館位於一條狹窄街道的街角，並在這條街上有一個後門，可以不透過設置在婚禮行列要經過的大街街口處的柵欄就走到街上。雖然如此，但我們對於它離柵欄那麼近仍感到有些擔心。然而我們來到了這個地方，悄悄地進入了那個鴉片館，沒有被人看見。我看到那裡已經有了很多人，但他們都很友善，而且對於領我來的那位喜歡冒險的女士十分忠誠。我們來到了鴉片館的後院，因爲前面還有許多正在抽鴉片的顧客。當我們用小茶杯喝茶的時候，不時地可以看到那些鴉片鬼從後門出去。最後我們被帶到了鴉片館的前面。我們穿過後面房間的時候，那裡有兩三個人平躺在蓆子上，正忙於抽那可以鎮定神經的鴉片。他們對我們連看都不看一眼。我們來到了前面那個幽暗的房間裡。那裡的窗戶是由糊在木製窗格上薄薄的一層窗紙所組成的，我們用手指在窗紙上戳一個洞，就可以從裡面向外窺看，而且只要有月光的話，就能夠看清楚外

面的一切。街上零零落落地掛著照明的燈籠。有一些八旗兵或綠營兵
勇 —— 他們的服裝幾乎相同 —— 零零落落地站在街上，無所事事。
由於所有的店鋪都已經關門，所以街上顯得空曠而淒涼。這令我想起
了鎮壓巴黎公社起義期間，巴黎街頭所有的店鋪都關了門，街上除了
士兵空無一人的情景。大街中央新修築的那條路當天上午剛撒過一層
新的黃沙，使它看上去能有代表皇室的色彩。在我們與這個嚴密把守
的大街之間只隔著一層薄薄的窗紙，況且在這張窗紙上還有些洞，這
令我著實有一種怪異的感覺。我們可以聽到街上正在執勤的兵勇們所
說的每一句話，其中有些兵勇就坐在我們的窗戶下面。我們盡了最大
的努力來保持寂靜，要說話時只是用微弱的吐氣聲來進行耳語。可是
令我們大驚失色的是看見有一位八旗兵來到了鴉片館門口，並推開門
走了進來，他進門時衣服碰到了我的身體。他目不斜視地徑直向後面
房間走去。好一會兒我才反應過來，明白這是怎麼一回事。原來這些
兵勇白天已經在街上站崗多時，沒有時間來抽那些他們已經習以為常
的鴉片，都已經壓抑不住他們的鴉片癮了。一看到這個鴉片館，就不
顧一切地衝了進來。鴉片館裡的人解釋說，即使他偶爾發現我們在那
裡，也不會去報告的，因為他在執勤時進鴉片館來抽鴉片是犯法的，
他絕不會冒泄露自己的危險去舉報我們。結果果然如他們所說，其他
兵勇在那天晚上也曾進來抽鴉片，但在進出大門時似乎都低著頭，經
過我們身邊時都不想看見我們，或是被我們所看見。那些兵勇對這個
鴉片館十分熟悉，因為有許多兵勇前來光顧。當一位官員帶著騎兵前
來巡視街道情況時，他問我們窗前的那些兵勇有沒有阻止人們向街上
窺視，當那些兵勇大聲回答說「沒人膽敢如此放肆」時，屋裡的人全
都啞然失笑。

後來，騎兵們來得越來越頻繁，人數也越來越多。最後，到了快
要半夜12點的時候，新娘婚禮行列先頭部分終於出現在大街上。那
些白馬、旌旗、高高的華蓋和扇子在幽暗的光線照耀下，顯得慘白和
鬼影幢幢，月亮躲到了雲層的後面，似乎它已經聽說了不許窺視的禁

令。儘管如此，那「驚鴻一瞥」也足以撼人心魄。婚禮行列並不算太長，然而那些服裝和家具堪稱精美絕倫。首先是一位騎在馬背上的親王，緊接著是 48 匹帶有黃色韁繩的白馬，牽馬的人都穿著猩紅色的長袍，那些身穿猩紅色長袍的鼓樂手們沒有吹奏他們的樂器。32 面旌旗和 48 面扇子（巨大的圓形扇）、2 頂黑色的華蓋、2 個白色的假人、6 個黃色的假人、6 個紅色的假人、2 個藍色的假人、2 個用刺繡錦緞做成的黃色假人和 192 盞燈籠（所有這些東西都是由身穿猩紅色長袍的人舉在手中）。騎在馬上的恭親王顯得英俊瀟灑，他身旁有一個四槓大轎，這個轎子呈金色和黃色，由 16 個身穿猩紅色長袍的轎夫抬在肩上，另有 16 名轎夫手持槓棒，走在轎子的旁邊，隨時準備替換正在抬轎的那些轎夫（在這個轎子裡顯然坐著皇妃）。大約有 100 名官員穿著他們的朝服，騎馬跟在這個轎子的後面，另有 200 名左右的官員徒步行走在婚禮行列之中。婚禮行列中最令人矚目的是 200 盞裝飾有雙喜字樣的紅燈籠。然後是舉著的金匾，後面跟著華蓋和新娘花轎，在這個轎子裡坐的是皇后。新娘花轎的旁邊有一個手持焚香的人。此人給我的第一印象是一個滑稽的角色，即負責將新娘逗樂，使其不至於過於悲傷的人 —— 然而這顯然是不可能的，因為花轎沒有任何窗口，而且坐在裡面的新娘也是蒙著頭的。原來這是一位天文學家，或者說是占星術士，因為他的官銜是「欽天監監正」。他手中的焚香上刻有標記，以表明時間的流逝。無疑他是在計算婚禮行列的前進速度，以便能在一個預先計算好的「吉時」到達皇宮。

新娘的婚禮行列儀式剛剛結束，鴉片館的門口就聚滿了那些剛才參加了禮儀演示，現在想進來過一把癮的鴉片鬼。但在打開大門之前，我們就悄悄地回到了後院，在喝了一杯茶之後，我們便離開鴉片館，回家去了。此時北京的街道上已經是寂靜無聲，空空如也。

1873

中國的皇室婚禮與普通婚禮
(The Chinese Imperial Wedding and a Chinese Marriage Procession)

Jan. 4, 1873

《倫敦新聞畫報》第 62 卷，第 1740 號
1873 年 1 月 4 日，5 ～ 6 頁、19 ～ 21 頁

中國皇帝的婚禮：北京的皇宮

　　本報駐北京特派畫家威廉·辛普森先生有關去年 10 月 16 日中國年輕皇帝婚禮行列的速寫為本報過去兩期中的版畫插圖增添了一種耐人尋味並令人耳目一新的特質。本期雜誌刊登了他所畫的一幅北京皇宮速寫。這幅速寫的景色是從前門（即內城正陽門）的頂上眺望遠處的皇宮。北京的皇宮，或者說是皇宮的某些主要建築，高聳在樹頂和民宅的屋頂之上。這些

皇宮建築的一個顯著特徵就是它們的黃色琉璃瓦屋頂。作為一種皇家的御用顏色，黃色只有皇帝才能夠使用。皇宮又被稱作紫禁城。北京城的形狀是一個正方形，其外圍部分形成了內城。皇城位於內城的中心部分，而在皇城的中央則是紫禁城。每一個區域或城區之間都有城牆將其隔絕開來。中國所有的寺廟和衙門全都是大門朝南的，皇宮也同樣遵守這條規則。在插圖中可以看到的一個主要建築是大清門，或稱南門。這個中文名稱在英語中可被意譯為「前門」、「清王朝之門」，並具有「明亮」和「輝煌」的意思。南門的這些名稱與人們通常將它視為皇帝進出城的御用道路有關。皇宮本身就有眾多通往不同宮殿的大門，這些大門和宮殿都擁有跟天子相關的響亮名稱。具有多種不同含義的「大清門」也可被解釋為「至為清純之門」。在它之後的那個門就是天安門，意為「天子和平之門」。緊接著就是端門，「天下大治之門」。再後面的那個門是午門，即「正午太陽之門」。午門通往太和殿，「君臨天下之殿」。再往北是保和殿，「江山永保之殿」。再穿過乾清門，即「清明盛世之門」，通向乾清宮，「清明盛世之宮」。在這個大殿的兩邊就是皇帝通常居住的寢宮。皇帝的新娘在婚禮的那個晚上必須從大清門下進入皇宮，所以大清門的前面就像公主府大門那樣裝飾一新，即用盤有黃龍的紅柱子來支撐華蓋，黃色的柱腳則象徵幸福。在大清門前照例有獅子和麒麟，以及用石欄杆圍住的一大片空間。這個「清王朝之門」是一個三關門的建築，穿過門之後是一個寬闊的廣場或通道。在通道的末端就是通往真正皇宮的另一個大門。在皇宮的北面有一個人工堆積的小山，稱作「煤山」，旁邊還有一座寶塔守護。遠處還可以看見築有長城的郊外群山。就像所有的中式婚禮那樣，人們用綢緞來裝飾大清門，當然，這裡所用的綢緞要更為漂亮。

所有的外國人都不允許在現場見證在皇宮內部舉行的皇家婚禮大典，然而本報的特派畫家卻設法獲得了關於這次婚禮的資訊。我們將他的來信片段照錄如下：

當新娘到達了位於後宮的目的地之後，東西兩宮皇太后都會來到

新娘所坐的黃色大轎門口迎接她。她們會將金銀元寶分別塞到她的手裡，讓她的手臂在胸前交叉，並讓她舉起一個盛有小麥、玉米、稻米、綠寶石、藍寶石、紅寶石和其他象徵富饒和豐收物品的罐子。接著，新娘從大轎上走下來，坐到一個金色的小馬鞍轎椅上，就這樣被人抬進了她未來丈夫的寢宮。前些天的一個晚上，我們大家都在討論這種用小馬鞍轎椅抬新娘的做法究竟是蒙古族習俗，還是滿族習俗。但我們得出的結論似乎是它兩者皆非。很可能它是從人們把馬當作祭天時最高貴的祭品，且跟馬相關的物品都具有特殊含義的古代傳承下來的。有些高加索部落至今仍在實行這種習俗，即新郎必須將新娘從她的父親家裡偷出來，或是把她從她親戚或族人手裡搶過來。最後他還得把她放在自己身前的馬鞍上，騎馬將她帶走。這就意味著，中國皇帝為了自己的尊嚴，不能親自出門去接新娘，以免在北京大街上引起騷亂，於是便用家門口的馬鞍轎椅來代表這一古老的禮儀 —— 明顯具有塞族中流行的那種搶親的意味。

據說當新娘到達之時，皇帝都已經睡著了，人們不得不叫醒他，讓他匆匆忙忙地對上天做了祈禱。中國的皇帝一般起床都很早，因為他要在凌晨 5 點時臨朝問政。在這種情況下，他很難熬到凌晨 1 點還不睡覺。如果說他當時已經睡著，那一定是累得疲憊不堪了。給新娘梳頭，將其梳成已婚婦女的髮型這一禮儀將會在婚後第二天白天舉行。這將包括除掉額角的頭髮，以便人們能看清她眉毛末端的彎度。她的頭髮也會以特殊的方式梳成辮子，並用銀質髮針（皇后則用金質髮針）支撐，向外突出。婚後第三天，新郎和新娘都會換上華麗的皇袍。這次婚禮的皇袍是在北京製作的，每件皇袍上都鑲滿了珍珠和各種寶石，我聽說光是一件就能值 18 萬英鎊呢！

中國的婚禮行列

本期所刊登的長長的中國娶親行列是從一本很漂亮的中國彩色畫冊中

臨摹下來的。畫上新娘坐著花轎前往婚禮的聖壇，她的父母或直系親屬分別騎著馬護送她前往婆家。同行的還有好幾個儀仗隊的鼓樂手、旗手和身穿制服、抬著嫁妝的僕人。那些裝飾性很強的家具都是別人送給新娘的結婚禮物。讀者們可以將這些插圖跟上一期中本報特派北京的畫家寄來的有關去年 10 月 16 日年輕皇帝娶親行列和婚禮儀式的速寫做一個比較。這裡娶親行列的秩序跟那個更為鋪張奢華的皇帝婚禮有所不同。後者的衣服顏色以及那些彩色旌旗、龍形紋章和謎一般的箴言都是天子皇宮裡所特有的。然而在一些基本的特點上，盛大的皇室婚禮跟護送新娘去婆家，然後由新郎、新娘在朋友親戚的簇擁下舉行婚禮的普通娶親行列還是很相似的。我們面前這一系列彩圖中所描繪的新娘應該出自一個社會地位很高的家庭。她身邊的一切都象徵著財富和世俗的尊貴。她在上花轎時所穿的衣服質樸而又華貴，身上披著的斗篷是用深藍色和紫色的綢緞織成的，她的頭髮被一頂小帽子所罩住，雙腕上都戴著手鐲。

中國的婚禮行列之一

中國的婚禮行列之二

中國的婚禮行列之三

中國的婚禮行列之四

中國的婚禮行列之五

中國的婚禮行列之六

中國的婚禮行列之七

中國的婚禮行列之八

中國的婚禮行列之九

中國的婚禮行列之十

中國的婚禮行列之十一

中國的婚禮行列之十二

1873

THE ILLUSTRATED
LONDON NEWS.

中國皇帝的婚禮：半夜裡的神祕儀式
(The Procession of the Imperial Wedding: The Mystical Rites at Midnight)

1873

《倫敦新聞畫報》第 62 卷，第 1741 號

1873 年 1 月 11 日，25、27 頁

　　我們特派中國的畫家辛普森先生有關去年 10 月 16 日中國皇帝結婚典禮和娶親行列的速寫刊登在過去三、四期的《倫敦新聞畫報》上。他同時也提供了有關婚禮花絮的一些速寫，我們將其刊登在了本期的首頁上。以下是他對自己速寫的一些說明。在第一段中他對去年 12 月 28 日刊登在本報上的一幅描繪娶親行列的大幅插圖做了簡要介紹，當時有許多未經許可的觀眾目睹了在夜色中行進的這一獨特景觀。

在半夜開始的皇帝婚禮行列的行進儀式

MIDNIGHT PROCESSION OF THE TABLETS WITH TITLES OF THE BRIDE.
THE CHINESE IMPERIAL MARRIAGE AT PEKIN.

中國皇帝的婚禮行列

HORSES AND CAMELS PRESENTED TO THE EMPEROR.　　　HOW THE CHINESE SAW THE BRIDAL PROCESSION.　　　LED HORSES IN THE BRIDAL PROCESSION.

THE CHINESE IMPERIAL MARRIAGE AT PEKIN.

FROM SKETCHES BY OUR SPECIAL ARTIST.

北京人偷窺皇帝婚禮行列的方式

中國皇帝的婚禮：新娘的嫁妝

中國皇帝的婚禮：結婚日去迎接新娘的行列

1873

　　在北京舉行的皇帝結婚儀式中的娶親行列令人回想起了色列斯的神祕行徑。它是在晚上舉行的，人們舉著燈籠照明，經過街道時在微弱的月光映照下彷彿是另一世界的幽靈。為了防止有人褻瀆這一神聖儀式而採取了一系列嚴密的措施。街道被封鎖起來，臨街的門窗全都緊閉，花轎用布遮住，以防人們窺視大街上正在舉行的神祕儀式。為婚禮而布置了華麗的場景，然而誰也不准看。這簡直就是誘惑夏娃所有女兒們的禁果！她們每一個人當晚都想成為羅得的妻子或是藍鬍子夫人（Mrs. Bluebeard）。而且這種感覺並不僅僅限於女性，夏娃的所有兒子們也都置禁令於不顧，想偷看一眼街上正在舉行的儀式。中國店鋪的門窗上都飾有用木頭做成的幾何形圖案，上麵糊有一層薄薄的窗紙，窗紙具有玻璃的採光功能，微光可以透過紙射到屋內來。然而有一點，窗紙跟玻璃不同，即隔著窗紙，人們看不到窗外的物體。要想能偷窺街上發生的一切，而又不讓那些在街上監視的人發現，其實是一件再容易不過的事。你只需用手指頭在窗紙上戳一個洞，就可以儘管放心地偷看而不用擔心別人發現。你可以看到街上的一切，而別人卻看不到你的眼睛。人們透過窗紙上的洞進行偷窺的情形與孩子們看西洋鏡的樣子頗為相似。這就是北京居民，包括「洋鬼子」，觀看皇帝娶親行列的方式。

　　關於皇帝娶親行列中的馬，本報特派畫家做了如下的記述：「北京的葬禮和婚禮據說是非常相似的。主要的區別就在於葬禮中的死人是放在棺材裡的，而婚禮中的新娘是很小心翼翼地隱藏在一個花轎裡的。在古代斯基泰人的葬禮上，馬扮演著一個重要的角色，他們的清朝後代卻在皇帝婚禮儀式上把馬放在了一個最引人注目的位置上。我聽說一般在這個季節，北京都會有很多蒙古人，但今年他們的人數特別多。蒙古親王們帶著各自的隨員前來參加皇帝的婚禮，而他們所最關注的事無非就是贈送馬和駱駝，也許根據古老的習俗，馬和駱駝是婚禮上最合適的贈禮。在皇帝娶親的前幾天，我正好在街上遇見了用表示皇帝身分的金黃色韁繩牽著的 300 匹馬

和 40 匹駱駝。後者是雙峰駱駝，也稱巴克特立駱駝，而那些馬都是身材很小的品種。在的馬群前面領頭的是 30 匹小白馬 —— 興都斯坦語中的『矮腳馬』也許更適合於用來稱呼它們 —— 它們全都套上了馬鞍和籠頭，在每個馬鞍上還披了一條質地考究的毯子，它們都是用代表皇家的金黃色綢緞做成的。每一匹小馬都由一個馬夫牽著，馬夫們身穿深紅色帶圓點圖案的衣服，跟金黃色的韁繩相得益彰。有幾位蒙古親王也騎著馬走在隊列的前頭，他們胸前繡著飛龍圖案的紋章，身上佩戴著閃爍金光的披肩，在馬群和龍蓋之間人們舉著旌旗和三重傘。」

在另一封信裡，本報特派畫家談到了皇帝在婚禮之後的一些宗教和政治事務：

「皇帝將於 12 月 21 日在天壇舉行祭祀儀式，因為按照中國的黃曆，那天正好是冬至。在明年二月份，兩位皇太后即將卸去攝政的重任。目前，在舉行任何重要的國事活動時，這兩位皇太后都要坐在皇帝的身後，垂簾聽政。當皇帝需要做出某個決定時，她們就會指示該怎麼做，而皇帝則隨即用硃筆批示。根據一般的報導，這兩位攝政的皇太后在任期間做得相當不錯。」

我們的同行《每日新聞》趁本報特派畫家在北京之際，也從他那裡獲得了描述中國人生活場景和皇帝婚禮儀式的信件。他專門為《倫敦新聞畫報》畫了一系列有關這些事件的速寫。這些作品也說明了我們派他去中國這一決定的正確性，否則他就不能用鋼筆和鉛筆的描繪來讓歐洲的讀者了解這麼多新奇的事件。作為反映本報畫家技藝高超、工作勤奮及其作品重要性的證明，我們現在引用《每日新聞》中的下列評論，同時預告讀者，我們正在根據本報記者有關天壇內部的速寫繪製版畫插圖，並將儘快在本報刊登：

「我們現在能夠讓讀者領略一下另一件發生在中國的非常有趣的事情。本報特約記者於幾個星期前透過北京一個鴉片館窗紙上的洞口，清晰地看到了半夜裡皇帝娶親的行列。現在他又深入到了天壇這個中國皇家

1873

最神聖的殿堂，並且能夠向西方世界描述在那裡發生的事情。此前也許沒有任何一家報紙的記者能夠看到這麼神聖的地方。說真的，剛剛成婚的中國皇帝在一年之中日光最短的那一天所舉行的宗教儀式對絕大多數的讀者來說都是聞所未聞的。把宗教儀式跟冬至連結在一起是一種非常古老的迷信形式。它的存在把這個腐朽帝國的信仰跟古老東方的其他宗教連結了起來。就像中國的所有其他事物一樣，天壇似乎也已經年久失修，一片衰敗的景象。它所代表的宗教是一種政治迷信的極端形式 —— 即皇權神授的教義。這封來信的重要性不僅僅在於揭示了中國皇室信仰跟政府形式之間的連繫，而且還因為它是西方人深入天壇內部去觀察這種趨於滅亡的奇特信仰後所寫出的最新報導。」

中國人在搬運貨物上船

新加坡的中國苦力

　　去年 8 月至 9 月，在本報特派畫家去中國的航程中，他不斷地向我們提供了從西歐通往東亞的這條現代交通路途中所遇見的各種普通事件的報導和速寫。半島東方公司輪船上的旅客在地中海、紅海和印度洋上所經歷的海上生活，他們所看到的天氣、港口、海岸風光，以及從蘇伊士海峽到迦勒，再經過檳榔嶼、新加坡和香港的海上歷險等等，都為他提供了許多速寫的題材。其中一些作品還沒有發表。本期所刊登的插圖是在新加坡裝貨的一條郵輪。新加坡這個欣欣向榮、商貿和政治價值正在不斷增長的英國殖民地坐落於馬來群島的最南端，離南面的赤道只有 1 個緯度的距離，跟蘇門答臘和婆羅洲這兩個大型群島，還有爪哇和其他荷蘭殖民地隔海相對。這樣它就處在了印度、中國和澳大利亞之間的中心位置。考慮到將來地球東南部貿易和人口的發展，這種中心位置的優勢是無可估量的。新加坡與外界每個月、每兩週和每週都有定期的客輪來往 —— 半島東方公司、法國梅薩傑里斯海運公司、利物浦中國航運公司、荷蘭東印度公司、奧地利勞埃德公司，以及其他輪船公司的船隻在這個港口頻繁進出。半島東方公司的船每隔一個星期二和星期六就會到達這裡。圖中的中國人正將貨物搬運到船上。在新加坡有許多中國人，所有的苦力工作，如搬運貨物和裝卸煤塊等，都是由中國人來完成的。圖中那些中國人都是些肌肉發達的人，跟船上的印度水手形成了鮮明對比，因為後者都又瘦又長。中國人將貨物搬運到船上以後，由印度水手點收，即把貨物放進貨艙裡，並向高級職員報告大包貨物的數量、貨運地址和標籤。

1873

THE ILLUSTRATED
LONDON NEWS

本報關於中國的插圖
(Our Illustrations of China)

1873
《倫敦新聞畫報》第 62 卷，第 1742 號
1873 年 1 月 18 日，59 頁

　　為了用圖像來報導最近中國皇帝大婚的宮殿典禮，以及描繪中華帝國的風景、建築、服飾和民間習俗而被派往中國的本報特派畫家專程去了趟位於北京西北大約 200 英里的長城，它自古以來就是一道用以抵禦韃靼的邊界防線。他給我們寄來了描繪從北京翻山越嶺去蒙古，繼而穿越西伯利亞前往俄國的必經之路南口關的一張速寫。作為離北京最近的一個關隘，南口也是旅人遊覽長城時必選的一個景點。一股清澈的溪水從那裡流過，平時它只是山谷裡的一條細流，但整個山谷中隨處可見的巨大石塊和被水沖刷而成的鵝卵石都顯示，在大雨傾盆的時候這裡會是一個什麼樣的場景。中國與蒙古、西伯利亞之間的大部分貿易商隊都得經過這個關隘，滿載貨物的駱駝隊和騾子隊每天川流不息。有時候還能夠見到像本報特派畫家那樣的外國人，艱難地騎著驢子前去拜訪中國的長城。中國人，尤其是中國的婦女，都很想看上一眼「蠻夷」。蒙古人也會因此停下駱駝，而且當他目不轉睛地注視那些洋人時，會因為他們長得似曾相識而咧嘴一笑。蒙古人的相貌和穿著與眾不同，他們身材結實，臉長得很寬，頭戴裘皮帽，帽子後面還飄著一根絲帶。他們看上去像從來不洗臉，衣服也骯髒不堪，就像是從未去過一個有肥皂和水的地方。在前面插圖的左邊就可以看到這樣一個蒙古人。婦女們都是乘坐騾轎經南口前往長城，那些有身分的人也是如此。這張插圖可以讓人們對於途經南口的這條長達 13 英里的道路有一個相當清晰的了解。

本報特派畫家在中國：通往長城的南口關

本報特派畫家在去中國的途中：中國苦力們在香港為輪船加煤

1873

　　為了說明去往中國的航行，本報特派畫家提供了一張描繪中國苦力在香港為一艘輪船加煤的速寫。這一畫面使我們回想起跟煤炭這一重大問題相關的一些細節，以及在東方開發煤礦的事宜。大英火輪船公司運行的一艘載重 1,900 噸、400 匹馬力的郵船在 24 小時之內會燒掉 34 噸煤，以達到每小時 9 海里的速度。若將速度提高到每小時 11 海里，就意味著每天平均要燒掉 50 噸煤。在氣候良好、沒有颱風的日子裡，也許用不著這麼多煤，但假如逆風很強的話，那麼消耗掉的煤就不得了了。從孟買到香港，假如天氣不錯的話，一艘輪船大約要消耗 560 噸煤。假如天氣惡劣，有逆風的話，就可能會消耗 700 噸煤。在香港，煤炭的價格是每噸 12 美元，約合 2 英鎊 14 先令。當然，煤炭在迦勒和孟買的價格要便宜一點，因為它們離英國的距離較近。大英火輪船公司運行的「特拉文考爾號」輪船這次在香港加載了 280 噸煤，價格為 756 英鎊。上海的煤炭價格是每噸 3 英鎊 12 先令。上海港也有定期前往香港、天津、長崎、橫濱和其他港口的輪船航班。所有這些輪船都必須以同樣的價格來支付所需的煤炭。現在有一部分煤炭是從澳大利亞運來香港的，它們每噸的價格要比英國的煤炭便宜 1.5 至 2 美元，但其品質不如後者。還有大量的煤炭是從日本運到上海來的，這些煤炭的品質也較為低劣。納閩島也有煤礦，但煤礦管理似乎很不得法。臺灣島上有豐富的煤炭資源，可是這些煤還沒有開發出來，品質也無人知曉。在香港為輪船加煤的時候，一艘載煤的大駁船並排停在了輪船旁邊，一大幫幾乎是全身赤裸的苦力跳上船，用鐵鍬和籮筐開始埋頭工作。這些人只是在腰間纏了一塊布，將辮子都盤在了腦後，有些人還纏著頭巾。其中有幾個戴著大草帽。一個輪船上的夥計坐在船沿邊監督那些苦力，否則他們就會耍花樣將煤扔到海裡，然後第二天再把它們挖上來。晚間則靠一兩個盛著油和燈芯的瓦碟照明。這時，這些皮膚黝黑、渾身沾滿了煤灰的苦力看上去就像是戲臺上的鬼魅，或是來自另一個世界的幽靈。

中國速寫：長城、十三陵
(Sketches in China: The Great Wall and the Imperial Tombs)

1873
《倫敦新聞畫報》第 62 卷，第 1745 號
1873 年 2 月 8 日，124、126 頁

　　本報特派中國畫家有關長城的速寫刊登在上一期中。此外他還給我們寄來了一張著名的明帝陵，即十三陵的速寫。十三陵位於北京的北郊，離城裡有兩天的路程。明朝是繼 1366 年蒙古人所統治的元朝被推翻之後，漢人重新奪得統治權的一個王朝。

北京明帝陵的神道

北京郊區的八達嶺長城

THE ILLUSTRATED
LONDON NEWS

北京的城牆
(The Wall of Pekin)

1873

《倫敦新聞畫報》第 62 卷，第 1746 號
1873 年 2 月 15 日，144、146 頁

　　在北京報導去年 10 月皇帝陛下大婚的本報特派記者完成了另一幅關於他京師見聞的速寫。這幅被繪製成本期插圖的速寫題材是北京的城牆。插圖中的場景是在內城南城牆的頂上，從東往西眺望前門，即內城的正陽

門。這個城牆的頂上有 40 英尺寬，足以讓騎兵們並排在那上面發起衝鋒。城牆上的這條寬闊大道上已經長滿了植物和野草，有人正在那裡割草，以作為牲畜的飼料或墊褥草。在很多地方，這些野草和灌木都長得有一人多高，中間穿插著一條彎彎曲曲的狹窄小徑，使人很難相信這裡居然是在一個高大城牆的頂上。在每一個城門之上都有一個巨大的城樓，在圖中我們可以看見正陽門的城樓。圖右邊那條塵土飛揚的道路是位於城牆的內側，從那裡可以通過一個斜坡登上城牆。

本報特派中國的畫家眼中的北京城牆

中國速寫：北京天壇
(Sketches in China: The Temple of Heaven, Pekin)

1873

《倫敦新聞畫報》第 62 卷，第 1747 號
1873 年 2 月 22 日，184～187 頁

　　我們幾星期前曾告知讀者，本報特派中國的畫家兼記者已經給我們寄來了關於北京天壇內部的速寫。中國年輕的皇帝去年 10 月 16 日就是在這裡成婚的，其婚禮必須在 12 月 21 日冬至那天舉行祭天的儀式，以作為皇帝的成年禮。但是還需等到明天，即 1873 年 2 月 23 日，皇帝陛下才能夠真正掌握統治國家的權力。

　　我們在下面刊印一封信件中的一個片段，以介紹本報特派畫家對這個祭天大典的詳細描述。這封信的作者是特派畫家訪問天壇同伴之一的英國駐華公使館的米基·F. A. 弗雷澤先生，他專門給我們寫了一封私信，以描述當天典禮的情況：

　　　昨天我們去看了北京的天壇。我們很快地穿越了英國公使館的大院和蒙古人市場，那裡有數十頭單峰駱駝一動不動地站在或蹲在積滿塵土的地上。還有一些駱駝鼻子上穿著木栓，被那些穿羊皮大衣，戴羊皮帽子，或穿戴漂亮裘皮衣帽的人在牽著走。我們沿著狹窄和高低不平的人行道，經過了那些有著鍍金俗麗門面和窗格上糊紙的店鋪，走在一條用大石頭疊成的石堤上，該堤的一側是水，而另一側則是積滿乾燥塵土的平地。當雨季來臨的時候，這塊平地也會變成積水的窪地。在我們的兩旁都是一長排高牆，上面覆蓋的琉璃瓦有青色、藍色和紅色。在好幾個城門處都有衛兵用嫉妒的眼光看著我們，但我們很快就穿過了城門，沿著一個用土堆成的斜坡登上城牆的頂部，又從斜坡的另一邊從城牆頂部下到了地面。然後就沿著城牆來到一塊長滿灌

木叢和野草的場地。有幾個年輕人從身後的城牆頂上高聲喊道：「洋鬼子！」我們一行共有6個人，其中包括兩個美國人以及《倫敦新聞畫報》的辛普森，你們很快就將看到辛普森對我們這次探訪天壇祭天所畫的速寫。我們走了很長一段路，經過了幾英里長的高大城牆、城門和城樓，然後又沿著另一座牆，來到了天壇一個從外面難以覺察的門，便衝了進去。守門人來不及阻止我們，所以大家都笑了起來。我們帶了一位守門人作為嚮導，後來又給了他一些錢。用來造這些建築的石材數量巨大。那裡有許多精美的石階、漢白玉的祭臺和欄杆、巨大的柏樹和榆樹以及用於焚燒供品綢緞的青銅三腳鼎。有一個漢白玉的祭壇是按照數學原理的比例來建造的。祭壇中心有一塊大圓石，那就是大典中祭獻閹牛和綿羊時，皇帝陛下所站立的地方。圍繞中心大圓石還有9塊其他的石頭，再外面的一圈有18塊石頭，再外面就是27塊石頭，按每圈增加9塊石頭的比例從中心向外輻射。在另一處地方的一個高臺上，矗立著一座高大的鎏金寶頂三重檐圓形大殿，俯瞰園內其他高大建築和樹林。它的形狀就像是三個普通的低冠軟氈帽，一個個地疊在一起。這座大殿從上到下都有鎏金和雕梁畫棟的裝飾，山牆上雕刻著奇怪的獵狗和犀牛頭像。大殿內部骯髒的情況用言語難以形容。在屋頂下面有一大群蝙蝠在盤旋飛翔。柱子和屋梁上到處都是精美的雕刻和用鮮豔色彩描繪的花紋圖案。如果打掃乾淨，再在大殿裡站滿那些穿著鮮豔錦緞朝服的祭天人員時，那該是一個多麼壯觀的場景。殿內柱子上雕刻著龍、蛇和其他動物的圖案。有一位中國的小頭目追趕上來，斥責別人把我們從外門放了進來，說他自己隨時都會掉腦袋。

他們指天畫地，還拍著自己的肚子賭咒發誓，說我們肯定是在前一天晚上就已經打開了門。在參觀了天壇很長時間和辛普森畫完速寫之後，我們才回家，肚子都餓扁了，習以為常地在中午12點才吃早飯。在回家的路上，我們還看到了許多怪異的景象——算命先生、赤

裸的乞丐、穿白衣和戴寬帽的朝鮮人，朝鮮人的臉型有點像歐洲人。
我們看到有一個地方在賣戒鴉片癮的藥片，還有圖畫顯示一個鴉片鬼
如何一步步墮落，最後變成一個骨瘦如柴的廢人的過程。

北京天壇獻祭閹牛供品的祭壇

　　參照上面弗雷澤的這封信，我們應該指出，辛普森關於建在三層圓祭
壇之上的那個三重檐大殿（在他的速寫中稱作北祭壇）就是「天壇」本身的
說法是不準確的。「天壇」包括北祭壇和南祭壇，後者距離前者約有 1 英
里，是舉行向上天獻祭閹牛之大禮的地方。北祭壇上的圓形建築並不稱作
「寺廟」，而是叫「天宮」。它堪稱中國建築的一個精美標本。這座大殿所
用的建材是木頭，高約 100 英尺，三重檐上覆蓋著深藍色的琉璃瓦，穹頂
是一個橢圓形的金球。殿內並沒有任何塑像，只有天帝和清朝 8 位已故皇

帝的牌位。除了一些細節之外，作為天宮基座的北祭壇跟南祭壇在結構上基本相同。最主要的區別就在於北祭壇有八組臺階通向祭壇頂部，而南祭壇只有四組臺階。這裡，「八」這個數字被認為是代表了中國象徵系統中自古以來就享有盛名的「八卦」，一個八邊形的神祕符號。這兩個祭壇在視覺上的最大區別在於北祭壇上有那個圓形的三重檐大殿。在北祭壇上的祭天大典是在立春的時候舉行的，主要是祈禱上天風調雨順，來年五穀豐登。這裡的祭獻儀式也是由皇帝來主持的。我們現在要引述本報特派畫家辛普森的來信，他對於教會和神話的典故頗有研究，在信中他描述了中國皇帝的祭天儀式：

> 據說中國有三種不同的宗教：道教、儒教和佛教。但是在北京皇家寺院裡所舉行的這種祭天儀式卻與上述信仰形式完全不同。中國皇帝並沒有忽視上述這三種不同的宗教，然而在北京皇家寺院裡所實行的是一種真正的國教。沒有任何一種宗教與此相同，這種宗教儀式只是在京師舉行，而主持儀式中唯一祭司就是皇帝。

> 在北京有一些龐大的皇家寺院 —— 天壇、地壇、先農壇、日壇和月壇。在天壇和地壇所舉行的主要祭祀儀式是在夏至的時候舉行的。在先農壇的祭祀是在春天舉行的，皇帝要親自扶犁耕地，並且播下兩種不同穀類的種子。他這樣做是為了給臣民樹立一個勤勉勞作的榜樣，這是君王給人民所立下的一個極好的正面形象。中國人當然是很好的農學家，我聽說他們在這一領域內廣受稱讚。但是他們在這方面的高效率是否因為皇帝所樹立榜樣的結果，我卻難以下此結論。皇后和宮女們每年也要舉行一次餵蠶的儀式。這也是為了給中國的婦女們樹立一個勤勉勞作的榜樣，因為養蠶被認為是屬於婦女的工作。

> 地壇位於城市的北部，那裡有掌管群山和海洋之神仙和精怪的神龕。在這些神龕內有中國五嶽和滿洲裡、蒙古一些高山以及四海和四湖的神位。日壇位於北京的東部。那裡的祭祀儀式是在春分的時候舉行的。跟其他皇家寺院一樣，這裡的祭壇被樹叢所包圍。在祭壇上沒

有其他的神仙來分享給日神所獻祭的供品。月壇的祭祀儀式是在秋分的時候舉行的。跟月神一起接受獻祭的還有大熊座的七顆星、五顆行星（太陽系行星系統的最新發現還未傳到北京）、二十八星宿以及天上的其他神仙。

在天壇皇帝所祭拜的是天帝——這是中國人為天界最高君王所起的名字。然後他會祭拜祖先，即清朝已故皇帝的神主牌位。目前已經有八個已故皇帝的神位，它們被放置在天帝祭壇前面的兩側。「天帝」這個專有名詞也被傳教士們選中，以作為英語「God」的譯名。這是因為在漢語中，天帝是至高無上的天神。然而從以上這段描述來看，天帝似乎只比皇帝高一點。這並非對神的不敬或禮數不周，而是為了強調君權神授。在世界史上我們還能找到其他類似這樣自命不凡的例子，但是它很好地說明了這種理論，而且完全符合當今世界的潮流。人們想當然地認為中國的皇帝和天上的神仙都是掌管宇宙事物的，在兩者之間存在著某種同伴關係，即所謂「天帝和皇帝都是至高無上的君王」。「皇」表示其身分，「帝」表示其權力。天帝統治天界，皇帝統治世界。「中國」（或「天朝」）這個中國人自己起的名字表示它占據了俗世的最中心位置。它還統治著一些附屬國的人民，如朝鮮人、安南人、福爾摩沙人，以及蒙古王屬下的各個部落。所有這些民族都被稱作皇帝的「藩屬」，即每年要為皇帝的統治而奉獻貢品的附屬國。

除了把已故皇帝歸入神的範疇和將活著的皇帝視為神的合夥人等做法之外，我們對在天壇舉行的祭祀儀式並沒有什麼質疑之處。那裡看不到任何偶像，也沒有任何跡象暗示有偶像崇拜。那裡沒有任何塑像或圖畫，以至於回教徒或長老會信徒都可以把它當作一個祭拜天帝的地方。每年夏至在南祭壇上所舉行的祭祀儀式，其性質是悔罪和獻祭。皇帝在舉行大典的前一天晚上就坐著專門為這個祭祀儀式所準備的象車來到天壇，並且要在「齋宮」內過夜。「齋宮」這個名稱就說明了祭祀儀式的性質。在天亮之前，他就要趕到南祭壇那裡，去向天帝

獻祭一頭閹牛。在過去，皇帝還要親自操刀宰牛。閹牛是整個在祭壇邊上的一個火爐裡燒掉的，作為祭品的一些綢緞則是在祭壇上另一個較小的火爐裡被燒掉的。吃和喝在中國的禮儀中占有重要的地位，在天壇的祭祀儀式中當然也少不了。祭祀儀式中的一個重要部分就是皇帝必須吃掉「福脯」。

　　由於夏至的祭祀大典是在南祭壇上舉行的，所以它被視為中國最重要的宗教場所。在歐洲人眼裡，這裡並沒有任何東西可以顯示它的教會性質。它看上去更像是某位園藝師的創意作品，使你聯想到凡爾賽宮或水晶宮的花園。祭壇頂上的圓形空間似乎是為一個樂隊的演奏而設計的。它比特拉法爾加廣場上的噴泉稍大一些，有用漢白玉砌成的臺階和欄杆。它位於其他兩層平臺之上，形成一個三層的平臺。每一層都是用相同的材料建造的，每一層都有 9 級臺階，即從地面到祭壇頂部的每一組階梯共有 27 級臺階。祭壇的東、南、西、北共有四組階梯。整個祭壇被一道矮牆所圍繞，在每一個方向的階梯前面都有敞開的漢白玉門道。牆的形狀是方的，在牆內的東南角有一個焚燒閹牛的祭壇火爐，另有其他八個更小的鐵製火爐是用來焚燒獻祭給八位祖先的其他供品的 —— 閹牛隻獻祭給上帝。已故皇帝的待遇相當於退休人員，或一個公司的休眠合夥人。他們似乎對公司的事務仍有興趣，並且仍然能夠分享公司的利潤。

　　天還沒亮，這些火爐就已經在熊熊燃燒。皇帝站在祭壇的頂部燒香，並且對著天帝和祖先的神主牌位祈禱。音樂響起來了，一種形式非常古老的舞蹈也在圍牆內的某處進行。所有的皇親國戚都站在皇帝祭司後面的祭壇上。這時天濛濛亮，人們剛可以勉強看見周圍的景色，但現場最引人矚目的仍然是獻祭的火光。那個燒閹牛的火爐名為「啓明」。面對這樣的一個場景，我想跟這個祭祀儀式相關的想法無論有多麼荒唐可笑，都會在這一刻被忘得無影無蹤。人們可能會忽視死的或活著的皇帝，但是只有天神才能在這樣的情況下贏得尊敬和尊崇

的感情。對一個參觀者來說，由於北祭壇頂上有那座永久性的建築，所以給人的印象會更加深刻。那個三層的漢白玉圓形祭壇跟南祭壇並無二致，區別就在於它有八組階梯，而不像南祭壇那樣只有四組階梯。在這個祭壇頂上有三個漢白玉階梯，在那上面是一座圓形的木質大殿。皇帝在春天到這裡來獻祭，並為秋天的豐收而祈禱。

北京天壇的北祭壇

　　北京的大多數皇家寺院都跟數字有關係，而這一點在天壇表現得特別明顯。「九」這個數字對它來說有特別的意義。每一層的階梯有 9 個臺階，所以三層的整組階梯應該是 27 級臺階。祭壇的頂上有 9 個由漢白玉石板組成的圓圈。最中心的圓圈有 9 塊石板，第二圈有 18 塊石板，第三圈有 27 塊石板，依此類推。每圈的圈數乘以 9 就是這一圈的石板數，直到最外面一圈的石板數為九九八十一，即中國哲學中最常出現的數字。

關於這一資訊，我們有賴於北京一位傳教士和著名漢學家艾約瑟於兩年前發表的一篇文章。他花了大量時間來研究寺廟的象徵意義。他進一步這樣談到了天壇：

　　同樣的象徵主義還適用於該祭壇的欄杆、階梯和下面的兩層平臺。有四組九級臺階下到中間的那個平臺，那裡放置著日、月、星辰和太歲的神主牌位。日和星辰在東面，月和太歲在西面。星辰就是中國黃道十二宮圖中的二十八星宿。公元 1 世紀以後，印度人借用了二十八星宿，並稱之為 Naksha-Tras（梵文：天神們在月亮上的住所）。太歲是對於六十花甲的神化。祭壇頂部的欄杆共有八九七十二根柱子。中間那個平臺有 108 根柱子，最下層的平臺有 180 根柱子。三個數字全部加起來就是 360 —— 一個圓圈的度數。第二層平臺上的內圈鋪了 90 塊石頭，外圈鋪了 162 塊，即頂層最外圈 81 塊石頭的 2 倍。最底層平臺的內圈有 171 塊石頭，外圈有 243 塊石頭，或 3 倍於 9 的平方。在建造天壇的時候，建造者的目標是只用奇數。天屬於奇數，地屬於偶數。天是圓的，地是方的。或者用中國玄學思想中的終極表達方式來說，天是陽的，地是陰的。1、3、5、7、9 等數字屬於陽性的天，2、4、6、8、10 屬於陰性的地。這一點在關於天壇建造的官方出版物中被定為一種基本的原則。

　　按照這一規則，地壇的建築都是方的。鋪地的地磚數都是乘以 6 和 8。這裡最常見的數字是 36 或 64。因為這裡我們所遇到的都是陰性的事物。陰界的原則是方形和偶數，正如天壇所代表的陽界原則是圓形和奇數。地壇的主要獻祭儀式是在夏至這一天舉行的，在祭壇的附近有一個用來埋葬閹牛的坑。

北京天壇的祭天儀式

THE ILLUSTRATED
LONDON NEWS

北京的一座教會學校
(Boys' School, Pekin)

1873
《倫敦新聞畫報》第 62 卷，第 1748 號
1873 年 3 月 1 日，195 ～ 196 頁

北京的一座教會學校

　　本報特派中國的畫家威廉·辛普森先生描繪年輕的皇帝在天壇隆重舉行宗教祭祀儀式的速寫發表在上一期裡。對於大清帝國的學校、學院和大學，他也畫了一些速寫，並給我們寄來了有關這一題材的作品。本期中我們先刊登其中一幅描繪北京一座教會學校的速寫。這個學校屬於倫敦會傳教使團，但從外表上看，它跟中國的其他學校似乎並沒有什麼區別。在牆

上掛著的一兩幅地圖也許是唯一表明該學校與眾不同的特徵。這裡的教學模式跟中國的私塾是完全相同的。所有的學生都在齊聲朗讀課文，他們讀書的聲音震耳欲聾，使人以為他們是在比試誰的喉嚨最響。在學校裡，學生的任務只是閱讀和背誦他們的教科書。中國學校的教科書主要就是儒教的四書五經。學生的目標就是盡可能多地把它們背下來，誰對這些經典作品記得最熟，就最有機會在全中國舉行、大家都可以參加的科舉考試中出人頭地。本報特派畫家在另一張速寫中描繪了在國子監內銘刻著四書五經全文的那些石碑。

雖然這是一個教會學校，但它也必須教授儒家的經典，而且還得按中國的方式教，這樣它的學生們才能在科舉考試中與別人競爭。學校裡也教一些基督教的書，但所有的學生都未曾皈依基督教。圖中的老師是一個基督徒，而且身上還束有黃腰帶，表明他是早期清朝皇帝的後代。當一個學生覺得自己已經能夠背誦一段課文時，他就拿著書來到老師跟前。老師接過書以後，學生便轉過身去，這樣他就看不見書了，並開始背誦剛學過的內容。老師教學生寫字的方式是把一張薄紙放在字帖上面，由學生照著字帖上的字用毛筆進行臨摹。學校的課程中還有地理和音樂。這所學校開辦已經有 8 年了。

THE ILLUSTRATED
LONDON NEWS

中國速寫：北京貢院
(Sketches in China: Hall of Examination, Pekin)

1873

《倫敦新聞畫報》第 62 卷，第 1749 號
1873 年 3 月 8 日，229 頁

本報特派中國畫家在這一期中所刊發兩張速寫的題目是決定大清帝國

中文官升遷的科舉考試制度。辛普森先生在北京的時候訪問了當地的文廟，這是比耶穌基督還要早生 5 個世紀的偉大哲學家孔夫子遺留給中華民族的一個有關倫理宗教的寺廟。在這個寺廟內有一個貢院，即專門舉行會試的地方。在中國的每一個省會都有類似的貢院來舉行科舉考試，以決定人們是否能獲得秀才和舉人這兩個學位，但決定兩個更高等學位的考試只能在京師舉行。最高一等的學位被稱作「狀元」，相當於我們劍橋大學的最優等數學學位獲得者。獲得此項學位者也被稱作是「萬裡挑一」，因為在貢院中有一萬個供考試使用的單間，但考生中只有一個人能夠在這個三年才舉行一次的會試中獲得此項頭銜。人們是如此熱衷於追求這個崇高的榮譽，以至於一次又一次地來這裡參加考試，直到老眼昏花，雙鬢髮白。據說有一個人每次都趕來參加會試，一直考到了 80 歲的高齡。出現這種情況，皇帝一般都會對他表示嘉獎。在京師舉行的會試對考生來說是一次嚴峻的考驗。它分為三場，前後一共持續 9 天。在三天三夜當中，這一萬名考生都被關在各自的單間裡，以便跟別人完全隔開。考生必須在那裡面按照考官出的題目來寫文章，而這個題目要等他們進了單間之後，才能夠知道。每個考生都會拿到蓋有官印的紙，以便用它們來寫文章，而文章的好壞全憑考生記下了多少四書五經中的名句。為此，有人專門用蠅頭小字將四書五經抄寫在袖珍本上，以便能偷偷地將它們帶進考場。然而印刷和出售這樣的袖珍本已被視為犯罪行為。「我看見過這樣的袖珍本，」辛普森先生說，「它們看上去很像是小學生的作業本或青年會自修班的作文簿，但是那裡面用蠅頭小字密密麻麻地寫滿了取自四書五經的引語，而且字體娟秀，全是辭藻華麗的名言名句。」

北京貢院

　　住在京城的英國人稱那裡的貢院為「考試廳」（Hall of Examination），可是我們很難將「hall」（大廳）一詞跟那個地方連繫在一起。120 排又小又矮的簡陋號舍，中間還有個高大的瞭望亭，無法用「hall」一詞加以概括。本文的插圖和文字解說可以幫助讀者對這個地方有一個更清晰的概念。每一個參加會試的考生都有個 1 米見方的單間，人若是站直身體，頭就會碰到屋頂。這些號舍緊緊地挨在一起，大約每排有 45 個左右，每一排之間只留出了可以讓一個人通過的空隙。這樣的單間在瞭望塔樓兩邊各有 120 排，大約有 9,999 個。在西北角正在蓋一些新的號舍，來容納更多的考生。在北邊還有一套房子是專門讓考官們居住的。由於這些人在整個考試期間都住在貢院裡面，不能外出，所以考生的朋友們也無法跟他們聯絡。位於貢院中央的瞭望亭上時刻有人在監視，以防考生之間或考生跟外面的人相互通氣。在貢院的各個角落還有較小的瞭望亭用於同樣的目的。高牆

的裡面還有守衛在巡邏，不讓任何東西從那裡經過。在院中還有一個中央通道，通道的兩旁有燒飯的爐灶和盛飲用水的大缸。

在北京貢院參加會試的考生

　　每個號舍裡的兩面牆上都有兩個槽，往裡面插上木板，就可以當作椅子和書桌，低處的那塊木板既可以當椅子，也可以當床。每個考生都被允

許帶一些被單，以便在睡覺時蓋在身上。考生只能坐著睡覺，或是蜷身躺在木板上。如上所述，考生每人都發給蓋過官印的紙，以防考生作弊。書桌上有一塊硯臺、毛筆、一個茶壺和茶杯 —— 中國人就是在這樣的條件下考取功名的。那張有關考生坐在單間裡的插圖畫的就是一位參加過會試的人。此前已經提到，考生不是小孩子，也不都是年輕人。各年齡階段的人都從四面八方趕到京城來參加會試，但中國的文人並非像我們所想像的那樣都是形容枯槁、表情憔悴的人。中國的秀才就相當於我們的學士學位，舉人相當於碩士，而進士則接近於我們的博士。如上所述，「狀元」是最高的榮譽，這個學位只有在京師才能夠頒發，而且每三年只頒給一個人。所有其他舉行科舉考試的貢院都可以參照北京的貢院來加以理解。廣州的貢院裡有 7,500 個號舍，每個號舍的面積是 3 英尺寬，4 英尺長。辛普森先生解釋說：「當人們獲得其中任何一個學位時，他的名字就被懸掛在他父親的房子外面，整個村莊或城市的人就會為他取得這個榮耀而感到驕傲。官場的大門也向他打開了。他有可能升遷到這個國家的最高官職。假如能夠中了進士，他的名字就會刻上孔廟裡專門為名人所豎的石碑，並因此而流芳百世。」

這種科舉制度已經被推薦給了英國公務員制度的改革者。

THE ILLUSTRATED
LONDON NEWS.

中國速寫：北京寺廟、英國公使館
(Sketches in China: A Buddhist Temple and the English Legation in Pekin)

1873
《倫敦新聞畫報》第 62 卷，第 1750 號
1873 年 3 月 15 日，253 ～ 254 頁

一尊破爛不堪的菩薩

佛教徒走街串巷地為頹敗的寺廟募捐

北京的寺廟

　　本報特派中國的畫家發來了兩張速寫，描繪中國宗教制度中的一個怪異特徵。但是讀者必須記住，佛教中這種迎合下層人民單純偶像崇拜的墮落方式跟中國皇帝在天壇祭天以及上層社會受過教育的階層敬神時所遵循的儒教倫理和祭祀儀式是完全不同的。請看下面畫家對這兩張速寫的說明：

　　一天，我在北京街上走的時候，聽到了洪亮的鐘聲。我轉身朝發出聲響的地方走去，看到有一口大鐘掛在街旁的一個架子上。接著又傳來一下鐘聲，但在那旁邊卻見不到人。我走近那個鐘架，經過仔細觀察之後，才發現還有一塊長約一英尺的木頭吊在鐘的旁邊，可以沿方向來敲響鐘。這塊木頭上有一根線穿過一個小洞，進入一個大木箱，那木箱上還有另一個洞口，從那裡往裡面看，可以看見有個人手裡拿著這根線，每隔幾分鐘就拉動一下，即敲響大鐘。有人告訴我木箱裡的那個人是位和尚，他在這個比棺材大不了多少的房子（木箱的大小約與崗亭相仿）裡已經住了2年了，而且他還要在那裡待上1年。

　　後來又有人告訴了我他那樣做的目的。這是因為大鐘後面的那個寺廟年久失修，已經破爛不堪，即使不重建的話，也需要大規模翻修。大鐘和木箱在本地經常被用來為敬神的事務募捐。願為此事做出奉獻的和尚於是被關進了一個木箱。北京現在還有另一個和尚把自己關進了一座磚房，並用石灰封死了門。他在那裡面已經待了很久，在外面用來封門的石灰根本就看不出有最近砌上去的痕跡。那個木箱上還有一些大釘子穿透了木板，使得尖銳的那一端留在箱子裡面。這樣和尚就不能靠著箱子睡覺，他唯一的休息方法就是端坐在一張椅子上。這些釘子都代表著一筆筆的錢。而它們的總數就相當於翻修寺廟所需的經費。於是善男信女們便會前來捐錢，對於那些施主來說，每捐一筆錢都與釘子有關。募集到一筆錢之後，人們就會拔掉箱子上的一根釘子。每拔掉一根釘子，就意味著那位獻身的和尚在木箱裡會好

過一點。當一筆錢款募到，一根釘子拔出之後，曾經釘過釘子的地方就會貼上一個紙條，上面寫有施主的名字。我朝裡面窺探了一下，從小洞裡可以看到一張蒼白而漠無表情的臉，看上去幾乎像個死屍，頭髮很長，並從中間向兩邊分開，使得那又像是一張女人的臉。他的指甲很長。我可以看見他正在享受一種微不足道的奢侈品 —— 即吸了一下鼻煙。在他面前有個小書架，上面放了一些書。他不時地要拉動一下那根線，於是大鐘就被敲響。我有一個朋友就住在那附近。他承認很想去捐一筆錢，拔一根釘子，以便使那鐘聲能儘快停下來，因爲它常在夜裡將他驚醒。在過去兩年中，那鐘聲一直響個不停，他已經煩透了。這當然表明那位住在釘子房裡的「隱士」也是徹夜不眠。至於他是如何能做到不睡覺，以及他吃什麼，喝什麼，我都百思不得其解。我走進那大鐘後面的寺廟裡，發現那裡的建築眞是腐朽不堪，但最引人注目的還是菩薩的狀況。其中有許多眞的可以説是缺手臂少腿，因爲在很多情況下，可以看到菩薩的肘下撐著木架子。我爲其中破損最屬害的一尊菩薩畫了一幅速寫。即使在沒有偶像的國家裡，神靈也會變得破損不堪，至少是在人們的心裡，然而在有實體偶像的情況下，它們看起來就顯得更加淒愴。它們面部有一種愚蠢的表情 —— 尤其是當我們想到它們是神靈，並曾經接受過崇拜。很顯然，這樣一尊菩薩的存在有賴於榫頭、榫眼和木栓的強度。用膩子、油彩和金葉來粉飾的神靈之美是會褪色和破損的，最後只剩下一副看上去十分駭人的模樣。在整個寺廟中，我唯一能找到的一丁點堪稱「神聖」的就是那個作繭自縛、在釘子房裡苦熬歲月的可憐和尚。人們不禁祈望這樣的忍耐和信仰應該奉獻給某個更有意義的事業，而不是修補那些破爛不堪的菩薩。

北京的英國公使館

英國公使館

　　另一張版畫插圖所描繪的是北京的英國公使館。有一件令人滿意的事就是，在北京所有歐洲公使館之間的關係十分融洽。所以它們之間的各種體育競賽、聯歡、宴會和其他社交活動都進行得令人非常愉快。這類交流因各公使館彼此距離都很近而變得更加便利。它們都位於城市的南部，那裡以前是藩國使團的居住地。也許中國人這樣安排，在心裡也有將西方列強視為藩國的意味。在英國公使館的旁邊就是前來朝貢的蒙古人的駐地，而離它們不遠處就是高麗公使館。

　　英國公使館原本是梁公府。梁公即「清朝第二個皇帝 33 個兒子其中之一」的後代，所以該府的主人是皇親國戚 —— 在位皇帝的第 6 或第 7 代堂兄。1860 年簽訂中英條約時，他正擔任一名鎮守邊疆的大臣而不在北京。所以當額爾金勳爵離開北京時，英方在一位清廷要員的協助下，租下了梁

公府這所房產。按照當時達成的協議，每年的租金為 1,000 兩白銀，約合 300 多英鎊。中國的王府多多少少是皇宮的一個縮影。大門朝南，進門後你會經過一些院落，全都是些平房，每一座房子都有一個文縐縐的名稱，最裡面的一座房子便是府內最主要的建築：「清穆軒」（The Place of Serene Security）—— 表示這裡是一位重要人物的住宅。所有像這樣重要的院落大門前都有一對石獅子，東邊那隻的右前爪下有個球，而西邊那隻的左前爪下有隻小獅子，看起來很像是隻比利時種的小狗。所有的院落都重新經過了裝修，以符合英國人的生活習慣和審美情趣。公使館的主客廳是一個非常漂亮的房間，裡面懸掛著女王陛下的大幅肖像油畫。

　　這個地方原來的名稱為梁公府，即梁公爵的王府，它現在改稱為「大英國府」（Ta-Ying-Kwo-Foo）。「Ta」就是「大」，「Ying」是「英吉利」或「英國」的簡稱，「Kwo」指「國家」，「Foo」是「王府」。同樣，俄國公使館稱「大俄國府」，普魯士公使館稱「大普國府」，而美國公使館則稱「大美國府」。這些名稱是說明中國人在翻譯中混用外文字的一個奇特例證。

　　英國公使館所占據的面積約有 3 英畝，四周都有高牆圍住，而且從理論上說，這裡是英國的領土。它包括駐北京公使的官邸，還有他手下祕書、翻譯和其他隨員的辦公室。王府的高牆之內還有公使館所有工作人員的住房。另外還有六個準軍事性質的警衛及其家屬的住房。有些院落是三年之前剛剛建造起來的，稱作「見習生住處」。剛來到中國參加公使館工作的年輕人必須用頭一年的時間來學習中文，為此專門請了中國人來教他們，而那些院落就是為他們而建的。公使館內的另一處地方是馬廄，用於圈養屬於公使館所有成員的馬匹。此外還有一個手球場，一個彈子房，一個地滾球球場和一個沒有屋頂的房子，那裡曾經當過劇場。目前公使館內正在修建一個滑冰場，因為寒冷的氣候很快就能使人們在那裡盡情享受冰上的樂趣。在北京沒有適合於歐洲人的娛樂項目，因此所有這些措施都是非常必要的。英國公使館中還有一個報刊閱覽室。見習生們有一個藏書豐富、有關中國和亞洲的圖書館，這對他們來說也是一個很好的閱覽室。此

外還有婦女、兒童以及眾多的中國籍僕人，因此這個高牆之內的公使館儼然是一個國中之國。

現任英國駐北京公使威妥瑪先生（Mr. T. F.Wade）是一位聲名遠揚的漢學家。他對於中文那數千個方塊字所能表達的意義瞭如指掌，活著的人中幾乎沒有一個可以跟他媲美。甚至連中國的文人也承認自己學識不如威妥瑪先生。1865 年之前，公使館的南側有幾座房屋屬於倫敦會的傳教醫院，該醫院當時由雒魏林醫生（Dr. Lockhart）所領導。1865 年，阿禮國爵士（Sir R. Alcock）專門推倒了南牆，以便將那幾幢房子納入公使館。同年，那座醫院遷往城裡的另一處地方，目前在德貞醫生（Dr. Dudgeon）的領導下仍在發揮著積極的作用。

THE ILLUSTRATED
LONDON NEWS.

中國速寫：國子監、孔廟、京報、木偶劇
(Sketches in China: Hall of Classics, Temple of Confucius, Pekin Gazatte, and the Chinese Punch and Judy)

1873
《倫敦新聞畫報》第 62 卷，第 1751 號
1873 年 3 月 22 日，264 頁

國子監和孔廟

兩星期之前，我們在對中國科舉考試制度的描述（附有本報特派畫家所作的北京文廟和貢院中考生單間的兩張插圖）中曾經提到銘刻著中國經典文本的漢白玉碑林。本報特派畫家也專門為此提供了一張插圖。

中國的經典共包括 13 本書，它們又細分為幾個部分，其中的「四書」和「五經」這九部書構成了全中國所有關於宗教、政府、倫理和哲學等思想的基礎。

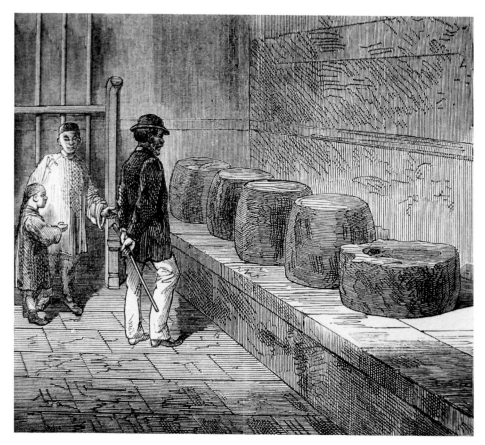

孔廟內刻著詩句的石鼓

　　然而，由於長期以來在口語和寫作方式上發生的變化，人們發現在這些經典的手抄本上也存在著一些不同，有些句子的意義因此變得不太確定。同時還存在著另一種危險，即某些篡權者、侵略者和暴君會試圖篡改他們已觸犯的法律。早在公元前 221 年，這樣的事就曾經發生過。當時的秦始皇命令將所有的書付之一炬。所以，有人認為如果把這些作品銘刻在石頭上，就會更加安全一些，於是便有了銘刻著十三經全文的碑林。它們需要在約 200 塊漢白玉碑上雙面都刻滿字，石碑的每一面都可以刻 42 頁紙的字數，而每張頁面及其字體的大小跟通常刻本的頁面和字體相同。所有石碑都保存在國子監的藏經堂三面圍牆之內，以避免風化。圖中所描繪的

那個大廳裡置放的是刻著《孟子》一書的漢白玉碑，其作者卒於公元前317年。藏經堂位於整個院落的中央位置。皇帝的職責之一就是每年到這裡來巡訪一次，並向清朝高官們宣講這些經典的意蘊。整個國子監構成了孔廟的一部分，而孔廟在東面另有一個大的院落。

銘刻著十三經文本的漢白玉碑林

　　另一幅插圖中那些又圓又黑的石鼓上的銘文是中國最古老的文字記載。它們被銘刻的年代約在公元前800年，幾乎跟米沙石碑（Moabite Stone）屬於同一個時期。它們的形狀雖然跟那個著名的古代遺物不盡相同，然而它們之間差異並不大，而且兩者具有共同的黑色。米沙石碑上的

字體是銘刻在一個平面上的,而在中國的這些石鼓上,字卻是刻在圓面上的。米沙石碑逐年記錄了一位國王所取得的赫赫戰功,而中國的石鼓上卻刻著一首描述皇帝出獵盛況的頌詩。總共有 10 個石鼓被放置在寺廟內一個大門外面的顯眼位置,其中有五個擺在大門的左邊,而另外五個放在大門的右邊。在插圖所描繪的那五個石鼓當中,有一個曾用作餵牲口的盆子,因此上面被鑿掉了一部分石頭。一般認為它們屬於周文王的時代,這是唐代人所首先提出的。詩中出獵的那位皇帝是周宣王。古時候的人們十分珍視這些石鼓,當宮廷遷移時,人們將這些石鼓從一國的首都帶到了另一國的首都,並且為它們製作了大小一樣的複製品。這樣,一旦石鼓出事,人們至少還能保留它們的形狀和字體 —— 因為石鼓上銘刻的字體跟現在仍在使用的字體大相逕庭。

分發《京報》

一個正在分發《京報》的傳信官是另一張速寫中的人物。《京報》可以說是代表了中國 3 億 6,000 萬人口中幾乎所有的報紙。據本報記者說,目前在上海已經有了兩家中文報紙,其中一家已經存在了好幾年,但發行量一直不大。另一家是最近才由歐洲人指導開辦的,然而它卻在中國人當中紮下了根,很受歡迎。香港也有一家中文報紙,在北京最近還創辦了一家中文雜誌,主要是跟那裡的傳教士們有關。它的宗旨就是要讓北京人了解與他們完全隔絕的外部世界。《京報》只是在宮廷內外供人傳閱的小報,其內容只包括政府的告示和法令。它的形式像是一個有 20 至 24 張書頁的線裝小冊子,用 7×4 英寸大小的暗黃色紙作為封面,每天都在宮內刊印和出版。本報畫家在靠近皇宮的一條街上正好遇見分發《京報》的官差。他把盛著《京報》的褡褳放在左肩上,徒步將它們逐一送到訂戶的家中。由於缺乏一家有效率的報社,使得中國人甚至對於在自己國家發生的事也一無所知。中國南方的「叛亂」已經持續好多年了,但在北京沒有人知道有關「叛亂」的任何消息。然而這裡有許多人會閱讀和書寫,所以中國有朝一日將會成為報紙的一個巨大市場。

分發《京報》的傳信官

北京街頭的木偶劇

街頭木偶戲

中國的「潘趣和朱迪」[4] 滑稽木偶戲表演跟在倫敦大街上可以看到的那種大相逕庭。它的舞臺並非放在地上的一個木頭框架，而是全靠藝人的身體來支撐的。從舞臺上垂下來的那塊布幾乎完全遮住了藝人的軀體，只露出了兩條小腿。藝人的一隻腳透過一個踏板和一根線在不停地敲擊一個銅鑼，發揮著樂隊的功能。木偶戲中的角色說話時用的是戲劇舞臺上所特有的那種腔調。他們手裡拿著刀槍，你來我往，殺得難分難解，經常會有些戲劇性的動作，手舞足蹈地從舞臺的一邊走到另一邊，然後亮相。有一場戲中，一位旦角手裡抱著個嬰兒上場，響亮地親吻了他一下（觀眾可以清晰地聽見這聲響），接著她又把嬰兒遞給一位小生，也許是嬰兒的父親，後者也俯身親吻了他一下。觀看的人群中發出一陣喝彩聲。後來這一個動作又重複了兩三次。表演場地上放著一些小條凳，供孩子們站在上面看表演，而孩子們也確實非常喜歡這種木偶戲表演。

THE ILLUSTRATED LONDON NEWS

中國速寫：天津見聞
(Sketches in China: Scene at Tien-tsin)

1873

《倫敦新聞畫報》第 63 卷，第 1756 號
1873 年 3 月 29 日，304 ～ 306 頁

位於白河、海岸線與北京之間的天津坐落在一片低窪的平原上，因此在白河與京杭大運河的交匯處經常會受到洪水的襲擊。本期中登載了幾張描繪天津的插圖，有一張畫的是扼守白河咽喉的炮臺，另一張畫的是英國駐天津領事館的建築之一。本報特派畫家對於其他兩張速寫的內容提供了

---

4 「潘趣和朱迪」（Punch and Judy）是英國傳統滑稽木偶戲中的兩位主角。——譯者注

如下的報導：

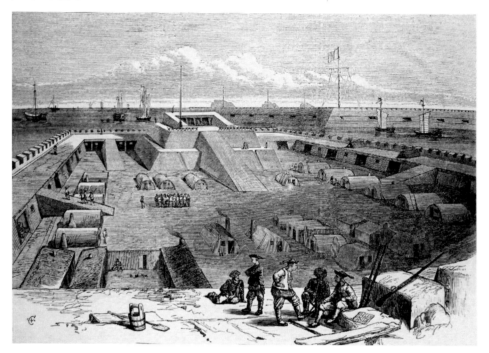

天津白河炮臺

　　白河的水溢過了河堤，淹沒了天津及其周邊地區。放眼望去，視
線所及之處盡被水淹。在舊屋的殘垣斷壁上新建起來的土牆村舍由於
地勢較高，看上去就像是島嶼。天津附近的海光寺（因額爾金勛爵曾
在此簽署天津和約而著稱）通常只需透過愉快而短暫的鄉間旅行即可
到達，但目前已經成爲一座孤島，只有乘坐小舟才可到達。離天津城
只有數英里的白河下游有一處河堤決堤，河水淹沒了低窪的平原。我
看見在構成河堤的一條非常狹窄的土坡末端有一個年輕人。爲了防止
洪水沖走這段可憐的土堤，他用扁擔頂著一捆看上去像是束柴或梢捆
的木頭。在白河的另一邊，我看到了兩個笨重的木頭棺材，中國人是
用它們來埋葬已故祖先的。當有人提議建造鐵路和架設電報線時，人
們曾經認爲保存它們的重要性是至高無上的。可現在它們看上去就像

是「德高望重的比德」那個在泰恩河上漂浮的棺材那樣，從白河的上游順流而下，在尋找一個適合於它們安息的地方。在棺材附近有一位中國漁民在撒網捕魚，他認爲因洪水決堤所造成的白河水位降低是一個捕魚的好機會。他的漁網是綁在四根毛竹上的，他會不時地拉起漁網，並將捕獲的魚扔進在他身邊漂浮的一個竹籃子。小船在白河上穿梭，我想它們是在不同的鄉村之間傳遞消息。人們會自然而然地想到，那位年輕人似乎是在哼一首樂曲，以便讓時間儘快流逝，因爲假如他眞要等到洪水消退的話，確實要等上很長的時間。

從白河看英國駐天津領事館

祭祖和掃墓是中國人信仰和習俗的最大特徵。他們認爲夭折的孩子不能算是已經在世界上活過一回了，或者說他們認爲靈魂還沒有在這些夭折的孩子身上發展起來，因此埋葬這種夭折的孩子並不需要任何形式的葬禮。在有些地方，人們會建造一個棄嬰塔，在該塔牆上留

1873

一個洞，這樣窮人們就可以將他們夭折的嬰兒輕易地扔進棄嬰塔裡。人們暗示我，私生嬰兒和女嬰可以輕易地遺棄在這些棄嬰塔裡。這一說法令人懷疑，因為中國有許多的孤兒院。棄嬰塔就是一個高約 10 英尺的八角形建築，牆上留有一兩個洞。人們可以輕易地將一個包裹從洞裡扔進去，落到塔底。這些棄嬰塔矗立在路邊，但遠離其他的房屋，所以在那裡無論發生什麼事情都沒有人會看見。那些死嬰是用草蓆裹著扔進去的。

中國速寫：用束柴來阻擋白河的溢洪

233

死嬰塔

THE ILLUSTRATED
LONDON NEWS

中國速寫：上海當鋪、北京的八旗兵弓箭手

(Sketches in China: Chinese Pawnshop at Shanghai, and the Archery Practice of the Manchoo Tartar Soldiery at Pekin)

1873

《倫敦新聞畫報》第 63 卷，第 1757 號
1873 年 4 月 5 日，327 ～ 329 頁

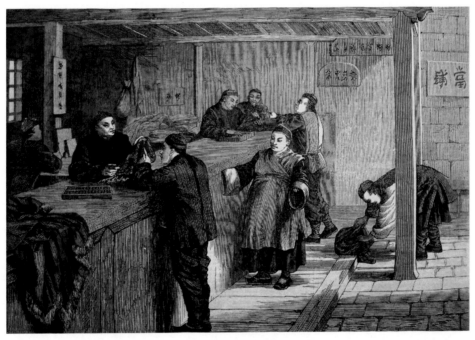

上海的一家當鋪

我們那位積極和警覺的特派畫家目前正在中國，以一種真正超越民族
偏見的精神，細心地觀察著在那裡所發生的每一件事情 —— 無論是大事
或小事，重要或瑣碎，只要跟社會各階層的生活有關，跟全球人類的各種
習俗、思想和時尚有關，因為他已經採訪過許多國家和民族。根據本期所
發表的一張根據他速寫繪製的插圖，我們來讀一下他對上海的一個當鋪的

1873

見解：

　　任何尋求友善援助的人在中國都不難找到這種「大叔們」所習慣性給予的一臂之力。透過借錢建立起親善關係的「自然特色」在世界各地都是如此，在上海也隨處可見。假如你想在中國造訪一個跟你家庭關係密切的這種借錢「大叔」，你將不難透過古老而熟悉的招牌來找到他的家。在北京，一根至少有 20 英尺高的垂直木桿，以及木桿中部一塊精雕細琢的方形招牌，顯示借錢「大叔」在哪裡可以找到。在上海並沒有這種高掛在外面的特殊招牌，而只有掛在門口牆上的一塊橫匾，上書「當鋪」這兩個漢字。它們被我複製在速寫右面的牆上。當鋪似乎是一個非常忙碌的地方。走進當鋪的中國人臉上並沒有羞恥的表情。他們不會在街上東張西望，以防自己在進當鋪的時候被別人看見。當鋪內部的安排也表明中國人和歐洲人在這方面的情感是有差別的，因爲在櫃臺上並沒有隔板將顧客們分開，所以顧客無法隱藏自己的存在，或掩蓋厄運把他們逼入絕境的事實。然而，這裡當鋪所做的生意跟倫敦當鋪的生意並無區別。拿到當鋪來做抵押的似乎主要是衣服。在抵押物品被檢查過之後，以及當借款的數目確定之後（這個數目往往要經過討價還價才能達成），櫃臺裡的夥計會以吟唱的聲調高聲念出抵押物品者的姓名、抵押物的名稱，以及借款的數目。他身後的另一位夥計會把這些資訊記錄在帳本上。然後櫃臺上的夥計才會寫出當票來。當冬季結束之後，許多人會把衣服拿來抵押一小筆錢，他們知道，東西放在當鋪裡，要比放在自己家裡更加安全，因爲當鋪的房屋一般都很堅固，而且防盜的措施也很周全。上海人特意在初夏時把裘皮衣服送到當鋪去，因爲當鋪老闆精通如何防潮和防蛀的事宜。速寫中站著的那位婦女看上去似乎失去了雙手，但事實上並非如此。她的這種裝束方式很典型，冬季的時候，幾乎所有中國女子的穿著都是這樣的。她們把手縮在袖子裡面，主要是爲了保暖。所以她的衣袖看上去就像是空的。她正在等待取她的錢，很快她的一隻手就會伸出

衣袖，以便收錢。

　　本報特派畫家從上海警察總監彭福爾德先生那裡得到了上海當鋪行業的統計數字。在上海英租界裡有 29 家這樣的當鋪，平均每月共付出 75,000 銀元的借款，每月的利息從 1% 到 9% 不等，但是大多數當鋪的月息只有 2% 左右。南京路上的一家當鋪裡有 6 位合夥人，每月平均付出 9,000 銀元的借款，其月息要比 2% 要稍高一些。在較為貧窮區域的許多小當鋪還同時做些別的生意。至於那些偷來的財物，倘若值錢的話，一般都在大的當鋪裡。中國的當鋪老闆既不能詢問抵押者他們的財物來自何處，也不能問它們屬於誰。假如抵押者不能在 6 個月或 8 個月之內（每個當鋪的抵押期限是印在當票上的）贖回抵押物品的話，它們就屬於當鋪老闆了。後者會把那些沒被贖回的物品賣給舊貨店的老闆，當鋪不會自己零售這些物品。出售這些物品的收入全歸當鋪老闆。

　　本期所刊登另一張插圖的主題是正在進行射箭訓練的北京八旗兵。關於大清帝國的這支軍隊，我們有特派畫家的如下報導：

　　中國的大清王朝始建於 1644 年。身為征服者，清朝皇帝們在北京和其他主要中國城市裡都派駐了大量的韃靼人口，後者組成了一支軍隊，以統治當地的漢人。北京的漢人都集中住在南面的漢城或外城，外城也被城牆團團圍住。漢人只占了京師人口的一小部分，大部分都是韃靼人或滿人。他們都住在位於城市北面的滿城，即內城。這是一個南北相距有 4 英里的平行四邊形城市，也有自己的城牆。皇帝的宮殿位於內城的中央，而在皇宮四周居住的滿人被認為是保護皇帝和清王朝的一道人肉防線。滿族男子幾乎生來就是騎馬放箭的驍勇戰士，因為他們從小就學會了如何使用弓箭。在精準武器已經普及的時代，這樣龐大的一個民族仍然固守這麼原始的武器，會給人一種奇怪的感覺。如插圖所示，任何一位來北京訪問的人每天都可以在京師寬闊的大街上看到征服者的韃靼後代們在忙忙碌碌地練習射箭。

北京的八旗弓箭手

　　他們被分成 8 個旗，每個旗在城裡都有 5 個集合地。每個旗的內部都有 17 位指揮官，每個指揮官手下有 23 名弓箭手。這些弓箭手的每月薪俸爲 3 到 4 兩白銀，相當於 1 英鎊到 1 英鎊 6 先令。除此之外，他們每隔三個月就會從政府的糧倉裡收到定量配給的糧食，口糧的標準原本是 880 磅，但在現實中這個口糧標準幾乎降低到了不及一半。如今已經很少在發糧食了，而是用錢來取代。那些八旗弟子在能夠拉開弓之前就已經開始領取月薪了，所以一個男人只要家裡有一兩個男孩的話，就可以過很舒適的生活。所有的寡婦，即使沒有在軍隊服役的兒子，以及沒有經濟來源的孤兒，都可以得到一份津貼。實際上，幾乎京師所有的韃靼人口都靠領取清廷的津貼生活。在京師沒有工業和製造業。金錢和糧食不斷地湧入京師，但是沒有任何東西從京師輸出。它就像是按照一個古老的體系組織起來的大兵營。

　　當一個八旗弟子完成了自己的教育，並能成為八旗兵一員時，皇帝會賞賜他 10 兩白銀，約 3 英鎊 6 先令，以便能購買弓、箭、馬飾和制服。因為在學習和受訓階段，這些開支都是要自己負擔的。八旗老兵開設這樣的訓練班，並每月從每一名學員那裡收取相當於 8 便士的報酬。八旗兵招募的就是從這些學校畢業的學員。當學員被軍隊招募之後，學生最體面的事情就是請老師吃一頓飯，以表示答謝。對於弓箭手的要求並不高，只要能夠射中靶心就被認為是非常了不起了。箭靶就是一面旗幟，中心有一個白色的圓圈，若能射中這個白圈的任何地方，就被認為是神箭手。他們被要求會在馬背上騎行時拉弓射箭。在去參加三年一次的會試之前，八旗兵都要先通過射箭的考試。因為皇帝希望「八旗弟子既能文采飛揚，又能馳騁戰場」。假如箭術學會能夠來北京舉辦一次年會的話，很可能會引起一場轟動。清朝皇帝很可能會拒絕各國公使的覲見請求，而專門來接見箭術學會的參會人員。

THE ILLUSTRATED LONDON NEWS

維多利亞公園的中國涼亭
(Chinese Pavilion in Victorian Park)

1873
《倫敦新聞畫報》第 62 卷，第 1754 號
1873 年 4 月 12 日，349 ～ 350 頁

倫敦維多利亞公園的中國涼亭和假山

THE ILLUSTRATED
LONDON NEWS

中國速寫：北京教會女校、漢口喜慶劇院
(Sketches in China: Girls' School in Pekin, Gaiety Theatre in Hanckow)

1873
《倫敦新聞畫報》第 62 卷，第 1755 號
1873 年 4 月 19 日，367 ～ 368 頁

　　本報特派中國畫家寄來了兩張題材截然不同的素描，為了對比起見，我們特意將它們放在一起發表。其中一張畫是描繪跟倫敦會傳教士團有關的一所中國女子學校，另一張畫的題材是漢口的喜慶劇院（Gaiety Theatre）。然而這兩個不同的機構都是由在華歐洲人所創建的。

北京教會女校

北京的一所教會女子學校

　　北京的這所女子學院雖然現在屬於一個英國教會派遣的傳教使團，但它最初卻是由一個法國女子所創辦的。這位法國女子於 1865 年訪問北京的一個教會學校時，老師們正在把一個小學生趕出學校。詢問原因之後，她被告知那個被開除的學生是個小女孩，由於太想讀書，所以把自己裝扮成一個男孩子。於是這個孩子便成了新開張女子學校的第一個學生。這個學校的現任校長是艾約瑟夫人（Mrs. Edkins），即英國傳教士的妻子。學校裡教授閱讀、寫作、算術、地理、音樂、縫紉和刺繡。而且由於這是一個教會學校，學生也接受宗教教育。女學生們中一半是滿人，一半是漢人。「那些滿族姑娘，」辛普森夫人介紹說，「都不纏腳，但學校裡的漢族姑娘卻被允許纏腳，因為假如她們不遵守本民族的習俗，以後找婆家就會很困難。她們中間有很多人對儒家經典瞭如指掌。學校裡的老師是位滿人，學識淵博，因為從小就接受了士紳的教育 —— 儘管跟大多數滿人一樣，他如今

家道中落。」

漢口喜慶劇院

漢口的喜慶劇院

　　漢口的英國商會創建了一個喜慶劇院。漢口是華中的一個內河港口和大型商業城市，距離沿海城市上海約 600 英里，坐落於漢江和揚子江的交匯處。它緊挨著另一個更加古老的城市，即位於漢江邊上一座山丘頂上的漢陽，並與揚子江對岸的省府武昌遙遙相對。這三個城市的總人口在 100 萬左右。漢口於 1861 年成為通商口岸。它的商業重要性迅速提高，很快就到了要取代廣州成為主要茶葉出口港的地步。但本地的中國商人設法將大部分的貿易量都抓在自己手裡，而且長江及其支流的航運所急需的改革也遲遲無法解決。本報記者寫道：「在此地有一個很小的外國人社區，絕大部分都是英國人，也有少數其他國籍的人，然而他們剛剛創建的那個漂

亮小劇院，以及臨時組成的業餘劇團，卻很值得一書。它們是於去年 11 月 28 日的戲劇季開張的，當時演出的兩個劇目為《愛爾蘭家庭教師》（Irish Tutor）和《清平世界》（Peace and Quiet）。在這麼一個偏僻的地方演出戲劇真稱得上是一項健康有益的娛樂活動，而且還確實使相當一部分人興奮了好長時間。因為當時必須找到一位有藝術修養的男子或女子來製作劇中的布景，而婦女們則要為演員設計並縫製服裝，還需要有一個具備音樂才能的人來組成樂隊，劇場也得有人去租房子和布置裝修，舞臺、腳燈、座椅、化妝間等都需要安排。演員自己也得經過挑選和分配角色，最後還得進行排練。在印度和中國，當人們排演劇作時，我們發現他們總是遵循著舞臺演出的原始慣例，即所有的女性角色都是由男子來扮演的。當前，留鬍子是一種時髦，很多年輕人都千方百計地養鬍子，因此要找一個年輕而且嘴邊無毛的演員來扮演女子還真是不容易。然而這種困難最終總是能克服，扮相很漂亮的女主角最後總會到舞臺上來亮相。」有關在喜慶劇院上演《愛爾蘭家庭教師》的速寫會使讀者對於當時演出的情況有一個基本的概念。它所描繪的場景是特裡·奧羅克（Terry O' Rourke）正在冒充自己的主人奧圖爾博士（Dr. O' Toole），並在向人解釋他「教」學生的方法。扮演這個角色的演員來自皇家海軍的「埃文號」炮艦，他在劇目表上寫的名字也是「埃文」。他的表演，以及芬格先生（Mr. Grundle Finger）和蘇先生（Mr. T. K. Soo）（這兩個都是假名）的表演，都堪稱上乘。整個演出行雲流水，頗為流暢精彩。它看起來更像是一部連續上演了「一百夜」的保留劇目，而非在中國內地臨時排演的英國戲劇。

THE ILLUSTRATED
LONDON NEWS

中國速寫：紡紗的農婦
(Sketches in China: A Spinning Woman)

1873
《倫敦新聞畫報》第 62 卷，第 1752 號
1873 年 5 月 24 日，482 頁

上海附近的一位農婦在紡紗

　　在本報特派記者最近在中國畫的速寫之中有一張是描繪一位勤勞的農婦在茅舍內一架暫時擱置不用的織機旁紡紗，她身旁的孩子被安全地放在用柳條編製的籃筐裡，這樣就不怕他們調皮搗蛋了。這些窮人家的茅舍往往只有一個房間，牆是用竹片編織起來的，然後再糊上一些泥巴。他們的

生活當然十分簡陋，有時簡直到了令人難以忍受的地步，就連最基本的衣食供應都很難維持。就像我們在英國所看到的情況一樣。當女人有了一定年紀，已經結婚生子，就必須承擔家庭生活中的勞作和困難。無論西歐還是東亞，情況都是如此。對於走南闖北，見多識廣的哲人來說，各民族之間只存在著外部種類的不同，而實際上並沒有什麼本質上的差異，如家庭生存的必要條件便是這樣的一個例子。

中國速寫：北京街景
(Sketches in China: Street Scene in Pekin)

1873
《倫敦新聞畫報》第 63 卷，第 1776 號，
1873 年 9 月 13 日，256 頁

下面是本報特派畫家最近從中國發回的一篇報導，解釋他所畫的一張速寫：

由於北京的居民大多都是沒有手藝或職業的政府薪俸領取者，所以他們是一群無所事事的閒人。由於無事可幹，所以任何娛樂消遣對於他們都具有很大的吸引力。身為畫家，我可以根據以往的經驗來評論一下他們這種不務正業的好奇心。在北京的街道上畫速寫無異於給人一個能湊熱鬧的信號。路人們並非有意冒犯，但他們會裡三層外三層地把你團團圍住，以觀察「洋鬼子」手裡拿著速寫本和鉛筆究竟在搞什麼名堂，其結果就是你想畫的對象根本就看不見了。當圍觀的人數增加之後，最外圍的遲來者看不到裡面發生了什麼事情，於是便推推攘攘地想看一眼「洋鬼子」，其結果就是人潮洶湧，使得在街上寫生一事完全沒有可能。我曾經有在東方各地寫生的經驗，並且總是能夠

1873

設法完成自己的寫生任務，然而對一群圍觀的中國人卻實在是無能為力了。我好不容易才畫了一張皇帝新娘出嫁前所住公主府的速寫，但這還是在一兩位朋友的幫助下才完成的。他們幫助我留出一點小小的空間，使我能夠很快地勾勒出一張公主府的草圖。但是我必須下筆迅速，因為街上很快就擠滿了人，儘管我身邊的中國人竭盡全力想把人群擋回去，但都無濟於事，圍觀人群的巨大力量將他們擠到了我和我朋友們的旁邊。而在我把速寫本收起來之後，我們似乎陷入了更大的困境。幾位清廷官員好不容易才把我們拉進了一個院子裡，並在身後關上了大門。我們就待在那個院子裡，直到外面的人群散去為止。

上面這張速寫所描繪的是中國人的一種休閒愛好，這種場景在北京的街道上要比別處更加常見，因為這裡有更多的閒人。街上幾乎每一個男人手中都持有一隻停在小棍子上的鳥。在那根棍子的頂部有一個專供鳥歇息的十字架，而且在鳥的腿上有一根細繩將它跟十字架連在一起。鳥對於北京人來說就像是狗對於英國人那樣，是一種隨身相伴的寵物。從小到老，中國男人生活中不可或缺的一部分就是玩鳥。有人甚至出門時雙手各持一隻鳥。有人外出散步時並不是拿棍子，而是拎著小巧玲瓏的圓形鳥籠招搖過市。這些鳥受過訓練，能在飛翔之後以俯衝的方式回到主人手上。它們也會在主人的頭上盤旋，在飛行中啄食主人拋向空中的葵花子。觀看這些鳥如何完美地完成各種不同的表演項目，它們在受訓之後變得那麼溫順和聽話，以及看到鳥的反應是如此靈敏，飛回主人手上時是那麼自信，的確令人賞心悅目。這些都說明鳥類的智力和接受教育的能力比人們想像的要高得多。北京街道上的那些人都相信他們從鳥身上得到的娛樂和消遣遠比用槍來獵鳥要多得多。無論中國人身上有多少缺點，但如果能學習他們玩鳥的方式，對我們英國人來說可能會帶來一些好處，至少對鳥類來說不會有任何壞處。

SKETCHES IN CHINA: STREET SCENE IN PEKIN.

北京街道上一位持鳥出行的男子

THE ILLUSTRATED
LONDON NEWS

中國速寫：年輕的同治皇帝
(Sketches in China: The Young Emperor of China, Tung-che Whang-Ti)

1873
《倫敦新聞畫報》第 63 卷，第 1776 號
1873 年 9 月 13 日，253 頁

　　從去年 10 月以來，中國年輕的皇帝一定忙碌得很。去年 10 月 16 日，他剛剛新娶了皇后。當時除了皇后之外，他還同時娶了其他 4 個妃子，而且以後還會有更多的妃子。在冬至那一天，他必須齋戒，並且作為祭司到天壇去祭天，在那裡焚香獻祭。自從他的父親於 1862 年（應為 1861 年。—— 譯者注）去世以來，皇太后和皇帝的母親一直在垂簾聽政 —— 同治皇帝登基之後，他的母親也獲得了皇太后的身分。這兩位皇太后在皇帝親自執政之前一直行使著攝政的權力。欽天監受命在今年二月指定一個吉日，以作為皇帝執政的日子。這些天文學家，或者可以稱作占星術士和算命先生，指定了今年的 2 月 23 日，於是在那一天，攝政的兩位皇太后宣告引退，同治皇帝開始以「真命天子」的身分來進行統治。

　　現在來看一下觀見問題。1860 年，英法聯軍來到北京，並且摧毀了圓明園之後，簽訂了一個《北京條約》，規定歐洲列強的公使們可以被允許在北京開設公使館，而且還可以觀見皇帝 —— 也就是說條約規定，公使們觀見皇帝的方式可以與他們在歐洲宮殿裡的方式相同，但是條約裡沒有寫明具體的時間。因此自從 1860 年以來，觀見問題一直是一個尚未解決的難題。

　　困難之處就在於以下這一點：所有來觀見「天子」的人都必須磕頭 —— 也就是說，他們必須三次跪下，匍匐在地，每次都要用頭叩三次地。這就是所謂的「三跪九叩」。假如歐洲列強的公使們願意接受這種禮儀的話，那麼就不會有觀見問題。中國的皇帝不承認世界上還有其他人可

以具有跟他同樣的權力 —— 只有他一個人才能夠表達天意。所以中國人有一個成見，認為所有來見皇帝的人都只能作為附庸者前來朝貢。關於這種禮儀，中國的文人或是官吏階層拒絕對現狀做任何的改進。他們曾經堅決反對鐵路和電報。而現在英國和其他所有國家在華的商人都急切地盼望中國開放更多的貿易口岸。他們也期望在新時代的開端，外國公使們能夠在北京觀見皇帝。在皇帝還小的時候，大家都心照不宣地不堅持提出觀見的要求，但自從他執掌大權之後，這個問題又開始被提了出來。而據說跟此事具有依賴關係的一些對象使得觀見顯得愈加重要。

去年 6 月 29 日，皇帝確實接見了俄國、美國、英國、法國和荷蘭的公使們。俄國公使倭良嘎哩將軍宣讀了一個致辭，由德國公使館的俾斯麥先生翻譯成漢語，然後再由跪在皇帝寶座前面的恭親王翻譯成在清廷中使用的滿語。

到目前為止，西方在這方面似乎已經取得了一點進展。西方世界主要列強的代表在觀見中國皇帝時已經不必磕頭。然而在仔細審視觀見禮儀的細節時，我們仍然可以發現一些令人不快的東西，它們反映出中國人不想承認西方列強的「洋鬼子」地位要高於「朝貢者」—— 這是對所有到北京宮廷來的外國使節們的稱呼。

年輕的中國皇帝剛剛開始統治 3 億 6,000 萬的臣民。除了雲南和中國西南部的「叛亂」之外，整個大清帝國目前還是平靜的，甚至是繁榮的。這個國家的面積要比整個歐洲都要大，然而目前還沒有鐵路或電報把這個廣袤帝國的一端跟另一端連接起來。在廣州、香港和上海等貿易口岸之間有一些外國輪船在航行，這些輪船上總是擠滿了中國乘客，這說明中國人並不反對現代旅行方式。從地球一端的舊金山建立了通往中國的航線，最近蘇伊士運河的開通又增加了來自地球另一端的輪船數量。輪船不僅給中國帶來了商品，也帶來了人員、思想、機械和跟現代文明相關的其他任何東西。中國的閉關鎖國不可能長期抵禦這種侵入，而剛剛開始的同治朝廷在其結束之前很可能會見證重大的變化。

THE YOUNG EMPEROR OF CHINA, TUNG-CHE, WHANG-TI.

中國年輕的同治皇帝

　　中國的皇帝是至高無上的「聖人」，因此他不可能來為畫家和攝影師的肖像畫擺姿勢。由於這個原因，要畫一幅能夠反映他外部特徵的肖像畫，唯一的辦法就是臨摹一張中國人畫的皇帝肖像畫。在我們製成版畫的

肖像畫中，皇帝的服裝是他在普通場合穿的便裝。而且，由於這並非新的式樣，它應該是為眾人所知，因而也是正確無誤的。皇室專用的顏色是黃色。在皇帝胸前的傳統刺繡圖案是一條紅色的大龍。

這裡必須補充一些傳記性和歷史性的資訊。前一任的咸豐皇帝於 1852 年登基，並於 1862 年去世（咸豐皇帝登基時間應為 1851 年，去世時間應為 1861 年。── 譯者注），當時現今的皇帝只是一個由攝政大臣們監管的孩子。恭親王組織並執行了一次宮廷政變，處死了三名攝政大臣，此後由上所述，將年幼的皇帝置於他生母慈禧和慈安太后垂簾聽政的保護之下。兩位太后最近剛剛退位。就像其他的中國人一樣，皇帝在其一生的不同階段要改變名字。起初給他起的年號為祺祥，後因認為這個年號本身就不太吉祥，所以改成了同治。這個年號在他統治時期出現在所有的官方文件和銅錢上。該年號的意思是「統一是法律和秩序的根基」，這似乎是一個最合適的稱號，因為人們希望這位年輕人會盡力完成他名字所象徵的目標。他還被稱作「天子」、「聖子」或「聖人」，以及「尊貴的皇帝」。他特殊的稱號是「Whang-Ti」，也就是中文的「皇帝」。

THE ILLUSTRATED
LONDON NEWS

觀見中國皇帝
(Reception of the Foreign Ministers and Consuls by the Emperor of China at Pekin)

1873
《倫敦新聞畫報》第 63 卷，第 1778 號
1873 年 9 月 27 日，287 ～ 288 頁

我們在前面有一期中刊登了一張根據中國畫師所繪年輕的中國皇帝肖像畫而印製的版畫。畫中的同治皇帝盛裝正襟危坐，似乎是正準備接見那些有幸進宮來觀見他的人。在那篇報導中我們簡單講述了長期以來阻礙中

1873

國皇帝接見駐京外國公使的一些難題，以及這個問題後來被解決的實際過程。我們現在得到了英國外交部的批准，印製並刊登了英國駐華公使館祕書瑪勒特所畫的一張速寫，以描繪外國駐華公使代表們於 6 月 29 日早上 9 點覲見皇帝時的真實場景。

中國皇帝在北京接見外國公使和領事

　　速寫所描繪的正是恭親王向皇帝宣布各國國書已經呈上的那一刻。那些國書是擺放在各國公使面前的一張長桌上的。皇帝沒有穿龍袍，身上只穿著一件淡紫色的沙羅。親王們在袍子背面、胸前和肩上的圓形補服上都繡著金色的五爪行龍。文官的方形補服上繡有仙鶴，武官的方形補服上繡的是豹子。覲見大廳裡在左右兩側侍立的官員身上佩著劍。在背朝觀眾的五位外交使節中，中間的那位就是英國維多利亞女王陛下的特使威妥瑪。在他的右面是美國公使鏤斐迪總督和俄國公使倭良嘎哩將軍，在後者的身後是德國公使館的翻譯璧斯瑪先生。在威妥瑪的左面是法國公使熱福禮與荷蘭代表費果蓀先生。站在他倆左邊靠前位置的是一位大學士，在臺

上跪在皇帝面前的是恭親王。其他還有四位親王分別站在皇帝身後的左右兩側。

THE ILLUSTRATED
LONDON NEWS

香港新建的英國皇家海軍醫院
(New Royal Naval Hospital, Hong Kong)

1873
《倫敦新聞畫報》第 63 卷，第 1778 號
1873 年 9 月 27 日，293 頁

香港新建的英國皇家海軍醫院

THE ILLUSTRATED
LONDON NEWS

中國速寫：上海的舢板
(Sketches in China: A Sampan at Shanghai)

1873
《倫敦新聞畫報》第 63 卷，第 1787 號
1873 年 11 月 22 日，476 頁

上海的一條舢板

　　本報特派畫家辛普森先生從上海的一條客運小舢板上寫下了以下這封來信，信中所描述的這條舢板也是他所畫速寫的對象：

到達上海以後，當我坐著一條小舢板從輪船上岸時，我很吃驚地發現，在舢板所特有的竹篾涼篷內壁上整齊地貼滿了從畫報上剪下來的圖片，其中最多的就是《倫敦新聞畫報》和《笨拙》這兩種最受歡迎的雜誌的圖片。說真的，中國人對於這兩種雜誌這麼痴迷，人們會以為黃浦江上所有的舢板都已經受僱為這兩種雜誌做廣告了，就像英國的公共馬車和列車車廂那樣。那些划舢板的中國船夫並非富人，所以他們不可能都是這兩個雜誌的訂戶。這也提出了一個奇特的問題，即他們用來裝飾舢板篷壁的圖片究竟是從哪裡找來的？我看到那些圖片都還是比較新進才發表的，而且貼得很整齊。船夫們似乎為這些圖片頗感驕傲，而且當乘客稱讚這些圖片的品味不錯時，會感到很高興。在黃浦江上游有幾百條這樣的舢板，我很懷疑裡面會有哪一條舢板沒貼這樣的圖片。「舢板」這個詞原意為「三塊木板」，這就提示它是從馬德拉斯木筏子發展過來的，因為後者就是由三塊木板所構成的。舢板中央部分，即旅客座位的上方，有一個用竹環和竹蓆做的半圓形船篷。船夫站在船尾，以類似於我們划單槳的方式搖櫓。這些舢板上刷著紅漆，船篷上糊著白色的壁紙，顯得十分整潔。用紅布包著的墊子是旅客的坐墊。貼滿船棚內壁的那些插圖，以及態度殷勤和善的船夫，不禁使人聯想到英國國內的那些船夫、馬車夫的惡劣態度。兩者的對比顯然是中國人占了優勢。

THE ILLUSTRATED
LONDON NEWS

在中國做聖誕節葡萄乾布丁
(Making a Christmas Pudding in China)

1873
《倫敦新聞畫報》第 63 卷，第 1791 號
1873 年 12 月 20 日，603 ～ 604 頁

在中國做聖誕布丁

（本報特派畫家兼記者的報導）

　　當代精神將大量的英國青年帶到了印度、中國、澳大利亞、美國的邊
緣蠻荒林區和全世界的各個角落，在那裡他們會發現自己的大部分本領都
派不上用場。在文學教育有所提高的時候，我們不應該忘記那些對於普通

事務的知識。有關哲學家和渡船工的那個老掉牙的故事在這方面給了我們一個很好的教訓：一位正在渡河的哲學家跟渡船工聊天，隨口問他是否學過哲學，渡船工答道：「沒有。」「啊，」哲學家說，「那你起碼失去了一半的生命。」他接著又問渡船工是否學過邏輯學，得到的回答又是一個「沒有」。「那你另一半的生命也是一片空白。」他正要問另一個問題的時候，渡船工打斷了他的話頭，問他是否學過游泳。哲學家答道：「沒有。」「那你會失去你全部的生命。」因為船正在下沉，誰也救不了他的命。

　　在一根繩子上打個結，以便人們能用手抓住它；能夠縫扣子；妥善地包紮傷口；給病人煮一盆好吃的粥，或者會炒幾個菜 —— 無論在哪裡，這些都是最高價值的成就，尤其當命運將一個人送到了遙遠國度時，這些本領就會顯得更加重要。有無數小本領是可以輕易就學會的，透過掌握這些本領，一個人就會變得更加有用，不僅是對自己而言，而且對別人也是如此。而這正是所有的教誨所要灌輸的責任。當一位年輕的騎士拿起他的盾牌時，他的格言是「追求名聲」，而墨林卻拿起筆塗掉了這句格言，把它改為「實用重於名聲」。丁尼生在下面的詩句裡這樣表達了他對這條教誨格言的看法：

> 你們真該看到那位年輕人的害臊，
>
> 但後來他果然變成了一位勇敢的騎士。

　　我們應該把這兩行詩理解為，一個人可以在變的更為有用的同時，順便也贏得名聲。

　　命運使我在中國度過了去年的聖誕節，而我所住的那棟房子裡有許多在同一個大商行裡工作的年輕人。在他們所安排的聖誕節晚宴上，人們發現在那些中國僕人之中，沒有一個人知道該怎麼做葡萄乾布丁。這給我們大家都出了一個難題。我們發現自己全都愛莫能助，紛紛打聽誰能來做這個葡萄乾布丁！每一個人自以為高雅的成就都成了被譏諷和揶揄的對象。任何一個會做葡萄乾布丁的人都有機會成為人們心目中的英雄。誰若做到

1873

了這一點，他的教育就真正代表了「時代精神」。按照卡萊爾有關命運的觀點，機會與英雄兩者是相生相伴的。第二天晚上，有些朋友前來做客，於是這裡沒人會做葡萄乾布丁自然就成了一個話題，這時在場的一位客人說他會做。大家真是喜出望外，這時即使有天使從天而降，也不會帶來更大的喜悅。他當即脫掉了外衣，大家一窩蜂地向廚房跑去，那裡做布丁用的所有材料都已經準備好了，在他做布丁的時候，一大群梳辮子的中國人全都圍著桌子，目不轉睛地盯著他的每一個動作。中國僕人們知道布丁不太好做，但從他們全神貫注地觀察整個製作過程的樣子來看，我毫不懷疑他們會發揮想像力，在今年的聖誕節上做出一個與此非常相似的布丁，甚至連布丁上的葡萄乾數量都會一個不差。假如他們真的能做出來的話，那就太好了，因為這位朋友做的布丁道地美味，無論放在哪張桌子上都不會遜色。我們這位手藝高超的英雄行為舉止完全符合丁尼生的描述。在好幾層意義上，他都算得上是位勇敢的騎士。留著大鬍子的他與那些盯著他每一個動作、下巴上沒長毛的亞洲籍觀眾恰好形成了一個鮮明的對比。而且他也證明了一條原則，即這些有用的本領並不會妨礙高雅的職業，因為我們的這位朋友在英國是一位鼎鼎有名的業餘風景畫家，一位很聰明的藝術家。

在中國做聖誕節葡萄乾布丁 (Making a Christmas Pudding in China)

遺失在西方的中國史

《倫敦新聞畫報》記錄的晚清 1861-1873

編　　譯：沈弘
編　　輯：許詠淳
發 行 人：黃振庭
出 版 者：崧燁文化事業有限公司
發 行 者：崧燁文化事業有限公司
E - m a i l：sonbookservice@gmail.com
粉 絲 頁：https://www.facebook.com/
　　　　　sonbookss/
網　　址：https://sonbook.net/
地　　址：臺北市中正區重慶南路一段六十一號八
　　　　　樓 815 室
**Rm. 815, 8F., No.61, Sec. 1, Chongqing S. Rd.,
Zhongzheng Dist., Taipei City 100, Taiwan**
電　　話：(02)2370-3310
傳　　真：(02)2388-1990
印　　刷：京峯彩色印刷有限公司（京峰數位）
法律顧問：廣華律師事務所　張佩琦律師

定　　價：375 元
發行日期：2022 年 12 月第一版
◎本書以 POD 印製

國家圖書館出版品預行編目資料

遺失在西方的中國史：《倫敦新聞
畫報》記錄的晚清 1861-1873 / 沈
弘 編譯 . -- 第一版 . -- 臺北市：崧
燁文化事業有限公司 , 2022.12
面；　公分
POD 版
ISBN 978-626-332-979-9(平裝)
1.CST：晚 清 史 2.CST：近 代 史
3.CST：新聞報導
627.7　　111019839

官網

臉書